돈 되는
기업탐방,

돈 버는
주식투자

돈 되는 기업탐방,
돈 버는 주식투자

김대욱 지음

실체는 기업이고 주가는 그림자이다

기업을 방문해야 정확하게 기업을 판단할 수 있다!

★
기업탐방 전문가가
알려주는
주식투자의 노하우

좋은땅

기업탐방을 하게 된 계기

    주식은 주가차트 분석이나 기업재무제표 분석만으로는 기업의 가치를 정확하게 판단하기 어렵다. CEO의 경영 마인드, 영업을 위해 회사가 어떤 전략과 목표를 세우고 있는지, 제품의 현재 생산 현황, 연구인력 관리, 하물며 직원 복지 정책까지도 회사 가치를 판단하는 중요한 기준이 된다. 하지만 이러한 기업에 대한 내용은 뉴스기사나 인터넷상에 떠도는 각종 정보만으로는 일반투자자들이 정확하게 알 수는 없다. 따라서 기업을 직접 방문하여 위의 사항들을 구체적으로 확인해 보고 종합적으로 판단을 내렸을 때 비로소 기업의 향후 실적에 대한 전망이 가능해진다. 위대한 투자자인 피터 린치의 말처럼 기업을 방문해야 정확하게 기업을 판단할 수 있다는 주장에 나는 백퍼센트 동감한다. 그래서 10년 이상이라는 기간 동안 200회 이상 기업을 탐방한 내용을 일반투자자들과 공유하고자 한다.

    탐방할 기업을 선정하고 방문을 하기 전에 질문하거나 체크해야 할 항목들을 철저히 준비하는 모습, 실제 탐방에서 주식IR담당자와의 대화 내용, 마지막으로 종합적인 판단을 내린 뒤 실전 투자에 적용하는 완성 단계까지 보여드리면서, 왜 피터 린치가 기업탐방을 그토록 강조했는지 일반투자자에게 직접 보여드리고 싶었다. 이 책을 들고 있는 여러분은 큰 행운을 얻은 것이다. 기업분석의 가장 훌륭한 방법인 기업탐방 전반에 대한 최초의 서적을 읽게 되는 기회를 얻었기 때문이다.

까칠한 외국인투자자, 하지만 그들은 기본에 충실했다

2005년부터 국제 영업을 본격적으로 시작하면서 나는 외국인투자자들에게 시달려야 했다. 주식시장에서 흔히 말하는 외국인투자자는 우리가 생각하는 일반 개인 투자자가 아니다. 증권회사 국제 영업부에서 상대하는 고객인 외국인투자자는 해외 글로벌 자산운용사이고 나는 그 해외 자산운용사의 펀드매니저를 상대로 영업을 했었다. 증권회사 PB를 통해서 주식투자를 하고 있는 일반투자자는 PB가 추천하는 종목을 매수하는 데 많은 생각을 하고 결정하지는 않을 것이다. 20년 이상의 증권회사 근무 경험상 일반투자자들이 투자 종목을 결정하는 데 걸리는 시간은 평균 10초 내외일 듯하다. 예를 들어 '○○전자 주식 매수하세요. 하반기부터는 수출이 잘 되어 실적이 좋아질 것으로 예상이 됩니다.'라는 증권사 PB의 종목 추천에 대부분의 일반투자자들은 '그래요?'라고 대답하면서 주저 없이 주식을 매수할 것이다.

하지만 이런 식의 종목 추천은 외국인투자자들에게는 절대 먹히지 않는다. 실제로 국제 영업 초기 '이 주식 앞으로 실적이 좋아진다고 하니 매수하세요'라고 외국인투자자들에게 추천을 한 경우가 여러 번 있었다. 그리고, 외국인의 매수주문을 기대했던 나의 생각과는 다르게 외국인으로부터 돌아온 것은 집요하게 계속되는 '어떻게 해서 회사의 실적이 좋아지냐'는 질문이었다. 나보다 몇 배는 더 똑똑하고 금융에 대한 지식이 많은 외국인들이 충분히 납득할 만한 종목 추천 이유를 설명해 주어야 했다.

그래서 많이 배웠다

  상황이 이렇다 보니 나는 추천하고자 하는 종목을 커버하는 애널리스트와 일주일에 한두 번씩은 미팅을 해서 기업의 실적이 좋아지는 이유를 파악해야 했으며, 외국인을 설득할 만한 답변을 구하지 못하는 경우 해당 종목의 회사에 직접 전화를 하게 되었다. 답답한 경우 아예 기업을 방문하여 회사IR담당자와 미팅을 하면서 회사의 실적과 관련해서 외국인투자자들이 충분히 동의할 만한 답변을 얻기 위해 노력하게 되었다.

  기업탐방을 3~4년간 월 평균 2~3회 수시로 진행하면서 나는 드디어 '실체는 기업이고 주가는 그림자'라는 사실을 자연스럽게 깨닫게 되었다. 미국을 비롯한 글로벌 주식시장의 영향, 또는 개별 종목의 수급에 의해서 주가는 매일매일 예측하기 어렵게 움직이고 대부분의 일반투자자들은 그에 따라 하루에도 몇 번씩 일희일비하지만 회사는 항상 같은 자리에서 어제도 영업을 했었고, 오늘도 현재 열심히 영업을 하고 있으며, 내일도 계속 영업을 할 것이라는 평범하지만 증권업계에 오래 몸담고 있으면서도 미처 생각하지 못한 진리를 깨닫게 된 것이다.

주식은 노력의 산물입니다.

　기술적 차트 분석을 주로 하는 전문가들은 지나온 주가의 흐름과 기래량을 보면 미래의 기업 주가를 예측할 수 있다고 한다. 회사의 재무제표를 잘 읽으면 회사의 미래가 보인다고 하는 전문가들도 많다. 하지만 나는 실력이 모자라서인지 차트와 재무제표를 아무리 들여다 봐도 도통 기업의 미래가 보이지 않았고 지금도 그렇다. 회사가 앞으로 무엇을 준비하고 어떠한 전략으로 영업활동을 할 것인지가 경험상 주식투자의 성패를 결정 짓는 가장 중요한 사항이며, 이는 직접 회사를 방문해서 회사 담당자와 미팅을 하고 기업의 사내 분위기를 파악하며, 간혹 재수가 좋아서 회사의 CEO와 미팅을 하게 되면 CEO의 경영마인드가 어떤지 알아내는 작업을 통해서만 알 수 있었다. 매일매일 예측할 수 없게 움직이는 주가도 결국은 회사의 진정한 가치를 따라간다는 사실을 알고 난 후에 나는 기업탐방 활동을 통해서 투자 유망종목을 발굴하는 데 집중하였다. 누구보다도 많이 기업탐방을 하면서 쌓은 내 경험을 이 책을 통해서 일반투자자들과 나누고자 한다.

　이 책은 주식투자경험이 적어도 2~3년 이상이며 주식투자가 쉽지 않다는 사실을 몸으로 직접 깨닫고 많은 고민을 하신 분들에게 도움이 되는 책이라고 생각한다. 또한, 주식투자를 막 시작하려는 일반인들도 어렵지 않게 실전 투자에 적용할 수 있도록 최대한 쉽게 쓰려고 노력을 하였다. 주식투자 경험이 전혀 없는 분들은 먼저 초보자를 위한 주식투자 가이드 관련 서적을 읽고 주식시장에 대한 충분한 이해를 한 뒤, 이

책을 실전투자에 이용한다면 아주 좋은 주식투자의 시작이 될 것이다. 무슨 일이든 첫 발을 어떻게 내딛느냐가 중요하다.

일반투자자의 기업탐방 아바타

기업탐방을 통한 종목 분석이 정말 중요하지만, 일반투자자들이 생업에 종사하면서 주식투자를 위해서 멀리까지 기업탐방을 진행하는 일은 현실적으로 어렵다. 나는 부산이나 대구 등 서울에서 아주 먼 지역에 있는 기업도 탐방을 다닌다. 내가 대신 일반투자자의 아바타역할을 자처하고 싶었기 때문이다. 그래픽 위주의 가상사회에서 분신을 뜻하는 아바타가 되어 성공적인 주식투자를 위하여 일반투자자들이 기업에 대해서 꼭 알아야 할 내용들을 자세히 다루겠다.

첫째, 기업탐방을 하면서 알게 된 일반투자자들이 모르는 진실, 전통적인 종목 분석 방법의 잘못된 점을 밝히고, 둘째, 나만의 투자 유망 기업을 선정하는 기준이 무엇인지, 셋째, 탐방 전 주식IR담당자에게 질문할 내용의 사전준비 작업, 넷째, 일반투자자들이 궁금해하는 실제 기업탐방에서의 주식IR담당자와의 질문과 답변에 관한 내용을 담았다. 마지막으로는 실전 투자 적용 사례 등을 수록하여 기업탐방의 처음부터 마무리까지 기업탐방이란 것이 어떤 것인지 일반투자자들이 쉽게 이해할 수 있도록 아바타 역할을 충실히 수행하였다.

이는 어찌 보면 당연한 것이다. 기업이 현재 어떻게 영업을 하고 있으며, 미래 먹거리를 위해서 무엇을 준비 중인지 기업을 방문해서 확인해야 한다. 그렇지 않고서 어떻게 기업의 미래 실적과 주가흐름을 단지 컴퓨터 모니터에 나타나는 주가 차트와 재무제표만으로 파악을 할 수 있겠는가. 하지만, 지금까지 대부분의 주식투자자들은 기업을 방문해서 종목을 분석하는 투자를 하지도 않았고, 그런 시도를 할 생각조차 하지 않았다.

기업과 관련해서 그동안 일반투자자들이 잘못 알고 있었던 내용들, 한 가지 예로 국내 유일의 특수 소재 생산기업인줄 알았던 어느 상장기업보다 더 많은 동일 특수 소재를 생산하는 비상장회사가 존재한다는 사실 등 기업탐방을 진행하면서 알게 된 내용들을 다루면서, 일반투자자들은 기업에 대해서 그동안 제대로 알지 못하고 있었기 때문에 실전 주식투자에서 실패할 수밖에 없었다는 사실을 깨닫는 계기가 될 것이다. 기업탐방을 철저히 준비하고 남들은 생각하지 못하는 부분까지 꼼꼼하게 체크하는 모습을 보여주면서 노력 없는 성과는 없다는 진리를 깨닫게 해 주고 싶었다. 그리고, 그동안 얼마나 잘못된 투자 습관을 가지고 있었는지 자기성찰을 하는 계기도 되었으면 한다. 기업탐방을 200회 이상 진행한 여러분의 아바타인 내가 전해 드리는 기업에 대한 충격적인 진실들을 이제 만나 볼 시간이다. 끝으로 이 책이 출간될 수 있도록, 까다로운 자료 요청에도 기꺼이 많은 도움을 주신 KB증권 리서치센터 이신영 연구원님께 깊은 감사의 말씀을 드린다.

2018년 유독 추운 겨울이 지나고 미세먼지 가득한 날에 김대욱

제1부   기업탐방? 그게 뭔데? 돈이 거기 있었네!

제2부   일반투자자들은 알 수 없는 진실

여러분은 4차산업혁명시대에
어느 정도 준비가 되어 있는가?

주식투자를 하는 여러분들께 조만간 주식시장에 누구도 경험하지 못했던 큰 변화를 몰고 올 4차산업혁명의 직접적인 수혜를 받을 기업은 어디인지, 그리고 구체적으로 어느 수준까지 수혜를 받을 것인지 철저히 공부하고 준비를 하고 있는지 묻고 싶다.

먼저, 4차산업혁명이 무엇인지 간략하게 살펴보도록 하자. 인공지능, 사물 인터넷 등 첨단 정보통신기술이 사회 전반에 융합되어 일상생활과 경제 활동에 혁신적인 변화를 몰고 올 차세대 산업혁명이라고 전문가들은 언급한다. 좀 더 자세히 풀어서 설명을 드리면 일단 많은 자료와 정보를 수집해서 저장해 두었다가(빅데이터) 가장 효율적으로 스스로 행동하도록 가능한 많은 데이터를 인공지능 컴퓨터(AI)에 주입시키는 일이 필요하다. 그리고, 인공지능 컴퓨터가 산업 전반에 걸쳐서 기존의 첨단 기술과 종합적으로 결합(IoT, 초 연결망)되어 혁신적인 변화를 가져오는 것이다.

이처럼 현재 주식시장의 가장 큰 화두인 4차산업혁명을 그저 남의 일처럼 팔짱 끼고 바라만 볼 것인가? 작년과 올해 초 주식시장에 광풍이

불어 닥친 비트코인과 블록체인 테마주들 중에서 실제로 수혜를 받는 기업과 그렇지 못한 기업의 옥석을 가릴 수 있는 능력을 과연 여러분은 가지고 있는가? 인터넷으로 검색을 해 보라. 4차산업혁명과 밀접한 관련이 있는 인공지능, 사물인터넷, 빅데이터, 통신 트래픽, 5G 관련주들은 일일이 열거하기 힘들 정도로 아주 많이 있다. 그러나, 그중에서 실제로 4차산업혁명의 수혜주는 극히 일부일 것이다. 여러분은 4차산업혁명의 수혜주를 어떻게 찾아낼 것인가 재차 묻고 싶다. 왜 시작부터 4차산업혁명을 열을 내면서 강조하는지 다음 화면을 먼저 살펴보자.

위의 화면은 OCI의 과거 주가 차트이다. 태양광 산업이 본격적으로 개화가 된 초기에 누구보다 준비를 잘 하고 계획해서 폴리실리콘을 생산한 OCI는 아주 많은 돈을 벌면서 주가도 수십 배 상승을 하였다. LED 산업 초기 사파이어잉곳 생산으로 주체할 수 없이 많은 돈을 벌었던 사파이어테크놀로지가 실적이 절정이었던 2012년도가 아닌 그 이전에 상장을 했었다면 주가는 OCI에 비견될 정도로 아주 많이 올라갔을 것이다. 4차산업혁명이 본격적으로 개화가 되면 철저히 준비를 해온 기업은 많은 돈을 벌 것이고 주가도 수십 배, 아니 그 이상 오를 것이 나의 경험상 확실하기 때문에 이렇게 목소리를 높이는 것이다.

아마도, 4차산업혁명 관련 테마주들이 이미 급등을 했는데 무슨 소리인지 도통 이해하지 못하겠다고 생각하실 투자자들이 있을 것이다. 결론부터 말씀드리면, 4차산업혁명의 본 게임은 아직 시작도 하지 않았다. 이미 주식시장에서 관련주로 언급이 되었던 수많은 주식들은 월드컵으로 따지면 아시아 최종 예선도 아닌, 싱가폴, 스리랑카, 홍콩 등등이 뛰어야 하는 아시아 지역예선 정도로 보면 된다. 여기서 일부 종목만이 아시아 최종예선전에 초대받을 것이고, 또 다시 일부만이 월드컵 본선무대에 설 것이다.

이 책을 쓴 목적은 바로 여기서 시작된다. 인터넷상에 떠도는 수많은 4차산업혁명 관련주 중에서 제비 뽑기식으로 아무 주식이나 골라서 투자를 해서는 월드컵축구 아시아 지역예선에서 탈락할 종목을 선택할 가능성이 확률상 높다. 나의 경험상 기업을 직접 방문해서 현재 어떻게 4차산업혁명을 준비 중이며 회사의 CEO는 어떤 비전을 가지고 직원들과 공유하는지 눈으로 확인하지 않고서는 절대 수혜종목을 찾을 수 없다고 확신한다.

제1부

기업탐방? 그게 뭔데?
돈이 거기 있었네!

주식시장에서 의미하는 기업탐방이란 말 그대로 현재 투자하고 있거나 향후 투자를 하고자 하는 기업을 탐방하여 기업의 현재 영업활동 상황, 경영자의 경영철학, 미래를 위한 투자 계획, 생산 제품의 현황, 연구개발인력 관리 등을 파악하여 기업에 대한 종합적인 분석을 통해서 기업의 정확한 가치를 파악하려는 일련의 행동을 말한다. 주식시장에 상장되어 있는 기업들은 증권사 애널리스트나 국내외 기관투자자 및 증권사 영업직원들의 요청 시 기업탐방을 허락해 주고 있으며, 상장기업의 주식IR담당자는 기업탐방을 온 사람들에게 회사의 영업 전반에 걸친 현황과 향후 계획 등에 대한 내용을 전달해 줌으로써 주식시장에서 올바른 가치 평가를 받고자 한다.

기업 분석을 해야 하는 이유

아무리 생각해도 정상이 아닌 주식시장

여러분은 만일 대한민국 평균 몸무게를 가진 어느 성인 남성이 매일 매일 10~15키로나 몸무게가 늘었다 줄었다 반복한다면 과연 정상인이라고 생각하겠는가? 물론, 그렇게 몸무게가 매일 달라지는 사람은 절대 없을 것이다. 그런데, 이런 기괴한 현상이 주식시장에서는 매일매일 일어나고 있다. 바로 주가라는 녀석이 그것이다.

주식시장에서 거래가 되고 있는 기업들의 주가는 하루에도 몇 번씩 적게는 1~2%, 많게는 10~20%씩 움직인다. 그러나, 10년이 넘게 기업탐방을 진행한 내 경험상 주가는 매일 수없이 크게 변하지만 막상 기업은 멀쩡하게 아주 잘 돌아가고 있는 것을 눈으로 확인할 수 있었다. 예를 들어 미국이 기준금리를 인상하자 글로벌 외국인투자자금이 국내 주식시장에서 빠져나가 미국 국채 매수로 몰리게 될 것을 우려해서 오늘 한국 주식시장에서 삼성전자를 비롯한 대표기업뿐만 아니라 모든 중소형 주식의 가격이 똑같이 10% 하락을 하였다고 가정해 보자.

그런데 막상 기업을 탐방하면 하루아침에 기업의 가치가 10% 줄었다고는 절대 피부로 느끼지 못할 것이다. 대부분의 직원들은 미국이 금리를 인상했다는 사실조차 모르고 열심히 일하고 있을 것이다. 주식IR담당자 역시 미국의 금리인상이 자신이 몸담고 있는 회사의 가치에 미치는 부정적인 영향이 무엇인지 쉽게 답변조차 하지 못할 것이다. 실제로 미국의 금리인상이 대한민국 대부분의 기업 가치를 절대로 하루아침에 10% 줄어들게 하지도 못한다. 미국의 금리인상으로 정상적으로 영업활동을 진행하고 있는 한국기업의 주가가 크게 하락을 했다면 오히려 이는 아주 좋은 매수 기회를 제공해 주는 것이다. 결국, 실체인 기업과는 전혀 엉뚱하게 주가는 매일매일 크게 변하는 것이며, 단지 주식시장 참여자들만이 두렵고 힘든 나머지 잘못된 투자 결정을 내리는 것이다.

다른 예를 하나 더 살펴보자. NAVER의 주가는 2018년 초 100만 원에 가까운 사상 최고가를 기록하고 지속적으로 하락을 해서 5월 말 현재 68만 원대를 기록하고 있다. 주가 하락의 표면적인 이유는 시장 기대치에 미치지 못하는 2018년도 1분기 실적이었다. 그런데, 막상 그 속내를 자세히 들여다 보면 일반적인 상식으로는 도무지 주가 하락의 이유를 이해할 수 없다.

도표 3	NAVER 분기실적 추정											
(십억원)	1Q16	2Q16	3Q16	4Q16	1Q17	2Q17	3Q17	4Q17	1Q18P	2Q18F	3Q18F	4Q18F
매출액	937	987	1,013	1,085	1,082	1,130	1,201	1,266	1,309	1,377	1,423	1,488
q-q Change	5.0	5.3	2.6	7.1	-0.3	4.4	6.3	5.4	3.4	5.2	3.3	4.6
y-y Change	26.6	26.4	20.6	21.5	15.5	14.4	18.5	16.7	21.0	21.9	18.5	17.5
광고	82	97	98	123	112	134	133	151	133	142	144	162
비즈니스플랫폼	450	462	462	491	511	522	550	576	593	616	631	659
IT플랫폼	23	28	31	39	43	49	59	66	73	79	87	95
콘텐츠서비스	31	27	23	23	25	25	27	28	30	31	32	33
LINE 및 기타서비스	353	373	399	409	406	418	453	469	481	509	528	538
영업비용	681	715	731	795	791	844	889	975	1,052	1,122	1,161	1,214
q-q Change	2.1	5.0	2.3	8.7	-0.4	6.7	5.2	9.7	7.9	6.6	3.5	4.6
y-y Change	24.1	16.4	14.1	19.3	16.3	18.2	21.6	22.7	32.9	32.8	30.7	24.6
플랫폼개발/운영	135	138	143	121	148	151	160	147	183	207	213	234
대행/파트너	155	160	161	185	189	204	216	249	240	255	263	275
인프라	47	46	46	49	50	55	58	62	60	66	68	74
마케팅	38	36	30	45	47	58	70	67	71	80	81	85
LINE 및 기타서비스	307	334	351	394	357	376	385	451	497	514	535	546
영업이익	257	273	282	290	291	285	312	291	257	255	262	273

위의 재무제표는 NAVER의 2016~2017년도 분기별 매출액과 영업비용, 영업이익 확정치 및 2018년도 분기별 추정치이다. 매출액은 매년 20% 가까운 성장을 보이고 있는데, 문제는 영업이익이 2017년과 비교해서 2018년도에 오히려 줄어들 것으로 전망되고 있다. 영업이익이 줄어드는 가장 큰 이유는 2017년보다 분기별로 거의 2천 억에 가까운 투자를 추가적으로 할 예정이기 때문이다. 현재, NAVER는 4차산업과 관련된 AI(인공지능)와 자회사 라인에 상당히 많은 투자를 하고 있다. 영업비용 중에서 플랫폼개발/운영 항목이 바로 4차산업 관련 투자 부분이다. 즉, 매출은 매년 크게 성장을 하고 있으나, 연구개발(R&D)투자를 2017년보다 훨씬 많이 해서 영업이익이 부진한 것이며, 이로 인해서 올해 주가가 지속적으로 하락을 하고 있는 상황이다.

만일, 작년과 비슷한 수준으로 올해도 연구개발에 대한 투자를 한다면 영업이익은 작년보다 8천 억 이상(2017년보다 60% 이상) 증가할 것이며, 그럴 경우 아마도 주가는 올해도 지속적으로 상승했을 것이다. 결국, 미래 먹거리를 위한 현재의 공격적인 투자의 가치를 전혀 인정해 주지 않고 오히려 기업의 가치에 부정적인 것으로 해석하는, 아무리 생각해도 정상이 아닌 주식시장인 것이다. 나는 대한민국에서 4차산업과 관련해서 가장 잘 준비를 하는 회사 중 하나가 바로 NAVER라고 생각하고 있으며, 전혀 엉뚱한 곳에 투자를 하는 것이 아니라 기존에 하던 영업을 더 잘하겠다는 성공 가능성이 아주 높은 투자인 것이다. 그리고, 그 투자 성과가 가시화된다면 최근의 주가 하락은 아주 좋은 매수기회일 것이다.

이는 다분히 잘못된 기업 분석에서 비롯되는 것이다. 대부분의 일반투자자들이 예측 불가능하게 움직이는 주가를 바라보면서 어찌해야 할지 몰라서 당황을 하지만, 실체인 기업을 제대로 분석을 한다면 비이성적인 주가 하락이 얼마나 훌륭한 기업의 바겐세일기간인지 금방 알게 될 것이다. 일반투자자들을 현혹하는 주가의 움직임에 흔들리지 않고 제대로 기업을 분석할 수 있어야 주식시장에서 진정한 승리자가 되는 것이다. 나는 기업탐방만이 제대로 된 기업분석 TOOL이라고 확신을 한다. 당장이라도 지금 보유하고 있는 주식의 회사를 방문해서 회사 건물과 직원들이 활기차게 일하고 있는 모습, 초단위로 쏟아져 나오고 있는 제품을 직접 눈으로 확인하면 미국 금리인상 우려에 의한 오늘의 큰 폭의 주가 하락이 얼마나 어처구니없는 일이었는지 깨닫게 될 것이다.

눈에 보이는 가짜 정보, 눈에 보이지 않는 진짜 정보

정보가 넘치는 세상이다. 주식투자자들에게도 정보는 주체할 수 없을 정도로 차고 넘친다. 인터넷만 검색을 해도 여러 주식과 관련된 정보를 쉽게 얻을 수 있다. 평소 궁금한 내용을 우리는 인터넷 검색 창에서의 질문과 그에 대한 답변을 보면서 정보를 쉽게 얻는다. 그리고, 인터넷 검색을 자주 한 사람들은 여러 다양한 질문에 대한 답변 중 상당수는 엉터리라는 사실도 잘 알고 있다. 이는 주식과 관련된 질문과 답변에도 당연히 해당된다. 여기서 한 가지 독자들에게 물어보고 싶은 것이 있다. 인터넷 답변 중 상당수는 엉터리라는 사실은 잘 알면서 왜 유독 주식과 관련된 눈에 보이는 가짜 정보들은 그토록 쉽게 받아들이고 투자를 결정하는가?

정말 무서운 주식시장

20년 이상 증권회사에 다니면서 주식시장에 대해서 느끼는 점은 정말 질리도록 무섭다는 생각이다. 많이 배웠든 적게 배웠든, 인생의 경험이 많든 적든 모든 사람을 바보로 만들 수 있는 것이 바로 주식이라고 느낀 적이 정말 아주 많았다. 한 가지 어처구니 없는 실제 사례를 들어 보고자 한다.

10년도 훨씬 전의 일이었다. 미국 NASA(미국항공우주국)에서 한국의 어느 중소기업에 투자를 한다는 정보가 주식시장에 생기면서 그 기업의 주가는 크게 오른 일이 있었다. 그런데 그 기업은 항공우주산업하고는 전혀 상관없는 업종의 회사였고, 나는 어떻게 해서 그런 소문이 만들어졌는지 파악하지 않았다. 설마 저런 정보를 믿고 투자할 정도로 순진한 사람은 거의 없을 것이라고 생각하고 넘겼었다. 그리고, 몇 년 뒤 개인적인 일로 친분이 생기게 된 어느 전문직에 종사하시는 한 분이 내가 증권회사에 다닌다는 사실을 알게 된 후 주식에 대해서 이것저것 묻더니 자신은 이제 주식투자를 절대로 하지 않을 것이라고 이야기하는 것이었다. 그 전문직 종사자는 지인으로부터 미국 나사가 한국의 어느 기업에 투자할 것이라는 바로 그 정보를 듣고 자신이 총무로 있는 전문직 종사자 모임에서 그 정보를 이야기하였고, 결국은 여러 전문직 종사자들이 수 억씩 그 회사 주식에 투자를 했다가 큰 손실을 보게 되었다고 말해 주었다. 그 피해로 인해서 전문직 종사자 모임은 자연스럽게 해체가 되었다고 한다.

대한민국에서 똑똑한 것으로 따지면 최상위권에 있는 전문직 종사자들조차 주식과 관련된 눈에 보이는 정보에는 아주 쉽게 현혹이 되는 것이다. 지금 이 서적을 읽고 있는 주식투자 경험이 있는 분들 중 자신은 절대로 그런 경험이 없다고 당당히 말할 수 있는 사람이 과연 얼마나 될지 궁금하다. 보물이 가득 담긴 침몰 보물선을 발견해서 곧 인양할 것이라는 정보, 원하는 모양과 크기로 가위로 잘라서 벽에 붙일 수 있는 조명을 개발했다는 정보, 울릉도 앞바다 석유를 퍼 올리기 위해서 시추선을 조만간 띄울 것이라는 등등 황당하면서도 기발한 내용의 눈에 보이는 가짜 정보들은 수없이 많이 생겨났으며, 주식시장이 존재하는 한 계속해서 생겨날 것이다. 그리고, 그런 말도 안 되는 거짓 정보에 똑똑하든 그렇지 않든 수많은 일반투자자들은 계속해서 속을 것이다.

이제부터라도 이런 말도 안 되는 쉽게 눈에 보이는 가짜 정보에 의존하지 말고, 눈에 보이지는 않지만 정말로 주식투자에 필요한 진짜 정보를 얻는 노력을 하도록 하자. 주체할 수 없을 정도로 주문이 밀려들어서 생산직 직원들이 점심식사 하는 동안 관리직 직원들이 생산 라인을 가동하고 있는 회사, 생산해야 하는 물량이 너무 많아서 도저히 납기까지 생산을 하지 못한다고 버티는 생산 책임자에게 월급을 더 줄 테니 밤이라도 세워서 납기를 맞추라고 사장이 사정사정하는 회사 등 일반투자자들의 눈에는 보이지 않는 진짜 정보는 기업탐방만이 아니고서는 도저히 알 수 없는 정보이다.

수익을 가져다주는 진짜 정보

주주라면 주식IR담당자에게 전화를 하거나 기업을 방문하여 사실을 확인하고 의견을 물을 수 있다. 그런데 현실의 흔한 일반투자자들은 이 일을 하지 않는다. 집을 구할 때도 직접 부동산에 전화를 하고 구하고 자 하는 집이 있는 현장을 방문해서 하자는 없는지, 통풍과 채광은 잘 되는지 꼼꼼하게 비교하고 살펴서 결정을 한다. 심지어 백화점에서 수 십만 원짜리 옷을 살 때도 여러 매장을 다니면서 바느질 부분까지 체크 를 하며 몇 시간씩 시간을 보내면서, 왜 주식투자를 하면서는 이런 사 소한 수고로움을 하려고 하지 않고 수천만 원 또는 수억 원의 주식을 매수하는 데 단 몇 초만의 망설임으로 결정을 하는가? 이 책은 일반투 자자들의 맹점 즉, 원초적인 문제에서 출발을 한다.

주식투자를 하면 쪽박을 찬다고들 말한다. 하지만 코스피 지수가 바 닥을 헤매고 있을 때도 주식투자로 돈 버는 사람은 있다. 이 차이는 뭘 까? 꾸준히 수익을 내는 비법은 단순한 데 있다. 바로 기업탐방! 기업탐 방이 주식투자의 수익을 올리는 것과 무슨 관계가 있냐고 되묻는 투자 자에게 나의 경험 하나를 소개하고자 한다.

2000년 초의 일이었다. 다니던 증권회사가 돈을 많이 벌면서 조직이 커지게 되었고, 내가 근무하던 부서를 포함해서 몇 개 부서는 근처 빌 딩으로 사무실을 이전해야 했다. 몇 개 부서가 임대로 대기업 계열사가 소유한 빌딩에서 월세로 근무를 하게 된 것이다. 나는 점심식사를 위해 소유주인 회사의 직원들이 이용하는 구내 식당을 자주 이용하였다. 직원은 아니지만 같은 빌딩에서 근무를 했기 때문에 구내 식당 이용이 가능했던 것으로 기억한다. 그러던 어느 날, 점심식사를 위해 평소 이용하던 빌딩 사내 식당을 이용하였고, 음식의 수준이 놀랄 정도로 업그레이드된 것을 보고 음식 가격이 올랐는지 깜짝 놀라서 가격표를 쳐다보았다. 가격은 그대로인데 반찬이 고급 호텔 식당 수준인 것에 놀라지 않을 수 없었다. 나는 식당 아주머니 한 분께 왜 갑자기 반찬이 좋아진 것인지 그 이유를 물어 보았다. 아주머니는 회사 사장님이 식재료비는 걱정하지 말고 무조건 최고로 직원들에게 음식을 제공하라고 특별히 지시했다고 말해 주었다. 식사를 하면서 옆에서 식사를 하던 빌딩 소유 회사의 직원에게 요즘 회사가 어떠냐고 물어 보았다. 그 직원은 상기된 얼굴로 요즘 너무 바빠서 매일 야근이라고 대답을 해 주었다.

나는 식사를 하자마자 상장회사였던 빌딩 소유 회사의 주식IR담당자에게 전화를 하여 같은 빌딩에서 근무를 하니까 바로 찾아가겠다고 하였고, 주식IR담당자는 흔쾌히 허락을 해 주었다. 주식IR담당자의 첫인상이 너무 피곤해 보여 무슨 일 있냐고 물어보니 주식IR담당자는 요즘 회사에서 시키는 일이 너무 많아 주말도 없이 매일 야근을 해서 정신이 없다고 말해 주었다. 주식IR담당자의 명함을 보니 전략기획팀 소속이었다. 전략기획팀 직원은 당연히 회사의 경영계획을 세우는 업무도 동시에 할 것이고, 담당 직원이 매일 야근을 하는 이유는 둘 중에 하나일 것이다. 하나, 회사의 실적이 급격하게 악화되어 회사가 비상 경영 체제에 돌입을 하게 되어 각종 회의 자료를 만드느라 야근을 많이 하는 경우이다. 그런데, 이는 회사 식당 음식과 직원들 얼굴 표정을 봐서는 절대 아닌 상황이었다. 다른 하나는 회사의 실적이 주체할 수 없을 정도로 증가를 해서 계속해서 새롭게 경영 계획을 세우느라 매일 야근을 하는 경우이다. 물론 나는 이 회사가 후자에 해당이 될 것이라고 어렵지 않게 짐작할 수 있었다. 주식IR담당자를 찾아간 이유는 나의 확신을 다시 한번 확인하는 차원이었다. 그 이후 회사의 주가는 6개월 만에 3배 가까이 상승을 했다.

기업의 영업 환경 변화를 주가 차트를 보면서 알아낼 수 있는 마법사가 과연 존재할까? 아니면, 재무제표를 열심히 분석해서 파악할 수 있을까? 아니다. 정답은 단 하나, 기업탐방을 통해서만 수익을 가져다주는 진짜 정보를 얻을 수 있다.

제2부

일반투자자들은
알 수 없는 진실

역사상 가장 성공한 펀드매니저 중 한 사람인 피터 린치는 투자리스크를 줄일 수 있는 유일한 방법은 투자대상에 대해 연구하며 직접 발로 뛰면서 공부하는 것이라고 말했다. 그는 해마다 500여 개의 기업을 직접 방문하는 것으로 알려졌다. 이는 근무일수 기준으로 하루도 빼먹지 않고 평균 2회 정도 기업탐방을 진행하였다는 이야기다. 사전준비작업과 미팅 일정을 감안했을 때, 피터 린치 혼자서가 아닌 회사 직원들 전체의 탐방횟수라고 생각된다. 어떻게 혼자서 다른 일은 안하고 하루도 쉬지 않고 2번씩 매일 다른 기업을 방문하겠는가? 나는 혼자서 한 달에 2~3회씩 꾸준히, 10년 이상 기업탐방을 진행하였다. 대한민국에서만큼은 누구보다도 많은 기업탐방횟수라고 자부한다. 그러한 많은 경험을 통해서 알게 된 내용들 중에서 우리 일반투자자들이 꼭 알아야 되는 내용을 엄선해서 정리해 보았다. 기업탐방이 아니었더라면 결코 알지 못했을 내용들이다. 내용 하나하나가 일반투자자들에게는 적지 않은 충격일 것이라고 생각한다. 여러분은 이제 신선한 충격을 받을 마음의 준비가 되었는가? 준비가 되었다면 이제 시작해 보자.

숲만 봐서는 절대로 될성부른 나무를 찾을 수 없다

2016년도 트럼프 당선 이후 미국을 중심으로 순항하던 글로벌 증시는 2018년도 초 미국 국채금리의 급등 영향으로 큰 폭의 조정을 보였다. 증권 전문가들은 미국 국채금리의 상승을 글로벌 주식시장이 인플레이션의 압력으로 받아들이고 있으며, 글로벌 투자 자산이 신흥국 증시에서 이탈하여 미국 달러화에 몰릴 수 있다고 걱정을 하고 있다. 이로 인해서 많은 일반투자자들은 2017년도 벌었던 돈의 상당 부분을 잃었을 것으로 생각된다. 따라서, 국내 주식시장에 대한 예측뿐만이 아니라 전체 글로벌 주식시장의 흐름을 읽는 능력이 주식투자에서 가장 중요한 요인이라고 대부분의 투자자들은 생각할 것이다. 일반투자자들은 '나무만 보지 말고 숲을 보라'는 증시 격언에 너무나도 많이 노출되어 있어서인지 이를 지극히 당연한 것으로 받아들이고 있다. 과연 그럴까?

여기 간단한 예를 들어 보고자 한다.

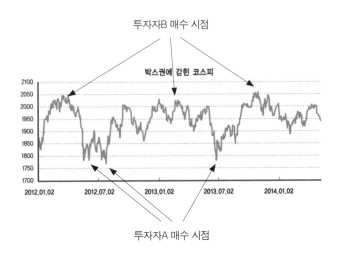

위의 화면에서 볼 수 있듯이 과거 한국 주식시장은 박스피로 불리면서 박근혜정부 출범 이후 5년 이상 일정한 박스권에서 벗어나지 못하여 많은 투자자들을 지치고 힘들게 하였다. 여기 두 명의 투자자가 있다고 가정해 보자. 투자자A는 주식시장에 대한 예측을 정말 잘하여 코스피 종합 지수가 저점일 때마다 주식을 사 모았다. 반대로 투자자B는 주식시장에 대한 예측을 못하여 코스피가 박스권 고점일 때마다 주식을 매수하였다.

그런데, 주식시장 예측을 잘 한 투자자A는 한진해운을 사 모았고, 주식시장 전망을 잘 못한 투자자B는 삼성전자를 사 모았다. 두 사람의 주식투자 결과가 어떠할지는 언급하지 않아도 잘 알 것이다. 아마도 투자자B는 기업탐방을 열심히 다녔던 것 같다.

위에서 예를 들어 설명하였듯이 펀드매니저가 아닌 일반투자자들에게는 전체 주식시장의 움직임보다는 실제로 어떤 주식을 매수할지가, 즉 전체 숲이 아닌 나무 하나하나를 꼼꼼히 살펴서 될성부른 나무를 찾는 일이 훨씬 중요하다는 사실을 꼭 기억하기 바란다. 물론, 많은 주식이 매일매일 전체 주식시장의 영향을 받는다. 하지만, 좀 더 길게 보면 주가는 결국 기업의 실적에 수렴하게 된다. 이는 기업탐방을 통해서 얻은 첫 번째 교훈이다.

경제는 과학이 아니다

물론, 전체 주식시장이 강세장인지 아니면 약세장인지 큰 흐름을 파악하는 일은 정말 중요하며 나도 적지 않은 시간을 전체 주식시장 흐름을 파악하려고 노력하는 데 할애한다. 적어도 투자하고자 하는 종목의 매수 시점을 정하는 데 아주 중요하기 때문이다. 그러나, 안타깝게도 주식시장을 예측하는 일은 나의 능력 밖이라는 사실을 고백하고 싶다. 이는 나뿐만이 아니라 대부분의 증권전문가들도 크게 다르지 않다.

과학은 일정한 조건에서 어떤 원인에 대한 결과는 항상 같다. 주식투자자가 아니더라도 누구나 이것을 익히 잘 알고 있다. 그러나, 경제는 결코 과학이 될 수 없다. 가장 큰 이유는 경제란 무릇 경제 활동을 하는 사람들이 만들어낸 행동의 종합적인 결과물이기 때문이다. 어떤 경제 상황에서 모든 경제 활동 인구는 어떻게 행동하라는 법적 의무 조항이 있는 것도 아니기 때문에 모든 경제 활동 인구들은 자신의 생각과 판단에 따라 외부 경제 변수를 받아들이고 행동을 하게 된다. 경제 활동이란 이렇게 인간의 심리적인 측면이 아주 강하게 영향을 미치기 때문에 일정한 조건에서 같은 원인에 대한 결과물이 항상 같을 수가 없다. 이것이 전체 주식시장에 대한 정확한 예측을 어렵게 만드는 이유다.

2018년도 초 글로벌 주식시장의 폭락에 대한 전문가들의 견해를 읽어 보면 예측은 전혀 없고, 결과에 대한 분석과 그 원인을 파악하는 것이 전부이다. 순항하던 글로벌 주식시장의 폭락 원인이 인플레이션 압력을 반영한 미국 국채금리 상승이라고 한다. 그러나, 미국 국채금리 상승은 이미 작년부터 진행 중 이었으며, 과거 미국 주식시장의 큰 폭 상승의 이유가 바로 미국 국채금리의 상승을 경기회복의 시그널로 투자자들이 받아들였다고 분석하는 전문들가의 진단을 접한 경우가 훨씬 더 많았다. 글로벌 주식시장이 실제로 크게 하락하기 전에 조만간 미국 국채금리의 상승으로 글로벌 주식시장이 큰 폭 하락을 할 것으로 전망이 되니 당분간 주식 매수를 자제하고 보유 주식을 매도하라고 권고하는 증권 전문가의 예측은 전혀 없었으며, 우리가 주식투자를 하는 동안 단 한번이라도 경험하지 못할 것이라고 나는 단언할 수 있다.

그래도 주식시장에 대한 예측을 원한다면

20년 이상 증권회사에 다니면서 수많은 주식시장의 상승과 하락을 반복 경험하면서 일반투자자들에게 드릴 수 있는 주식시장을 예측하는 나의 노하우는 딱 한 가지이다. 주식시장 폭락의 원인이 인간이 컨트롤할 수 있는 범위에 있는지 아닌지를 구별하는 것이다. 2018년도 초 글로벌 주식시장의 폭락 원인이 미국 국채금리 상승이고, 글로벌 투자 자금이 신흥국에서 빠져 나와 미국 달러 국채로 몰리는 것에 대한 우려이다. 분명 경제 매커니즘상 맞는 이야기이고 주식시장에 큰 충격을 줄 수 있는 내용이다.

그러나, 2000년 이후 각국의 금리는 시장에서의 수급보다는 정부 당국의 금융정책에 따라서 정부가 기준 금리를 올리거나 내리는 정책에 좌우되고 있다. 즉, 미국을 비롯한 글로벌 주식시장 폭락의 원인인 미국 국채금리 상승은 미국 정부 당국의 의지에 따라서는 언제든지 하향 안정화를 시키거나 글로벌 주식시장이 안정되고 경제 성장률이 금리 상승의 충격을 이겨 낼 수 있을 때까지 금리 상승을 유보하는 등 충분히 컨트롤을 할 수 있다는 사실에 주목을 해야 한다. 나는 미국 금융당국이 미국을 비롯한 글로벌 주식시장이 망가지는 것을 간과하지는 않을 것이라고 확신한다. 특히나, 현 미국의 대통령인 트럼프는 자신의 재임기간 중에 미국 주식시장이 폭락했다는 사건을 만들고 싶어 하지 않을 것이다.

싼 게 비지떡!

  주식투자자들은 증권사 리포트나 아니면 증권 방송을 통해서 증권 전문가들이 실적대비 저평가종목 또는 실적호전주라며 특정 종목을 추천하는 내용을 자주 접하게 된다. 그런데 막상 두 종목군의 차이를 주의 깊게 생각해 본 투자자들은 그리 많지 않을 것이다. 때로는 실적호전주와 실적대비 저평가종목이 같은 종목이라고 착각을 하는 경우도 있을 것이다. 또, 어느 투자자는 두 종목군의 차이점을 잘 모르겠으나, 둘 다 투자에 좋은 주식이라고 받아들일 것이다.

  나는 주식 강의를 할 기회가 있으면 실적대비 저평가종목과 실적호전주 중에서 어느 주식이 더 투자 유망 종목인지 항상 질문을 한다. 나의 강의를 들은 일반투자자들의 70% 이상은 실적대비 저평가종목이 더 좋은 투자 종목이라고 선택을 해 왔다. 그럴 때마다 왜 많은 사람들이 실적대비 저평가종목을 더 선호하는지 곰곰이 생각해 보았다. 수많은 국내외 유명 증권전문가나 투자자가 '가치투자'라는 단어를 자주 언급하였고 이 가치투자라는 단어가 실적대비 저평가종목을 의미한다고 대부분의 사람들이 은연중에 받아들이는 것 같다는 결론을 내리게 되었다. 그러면 많은 사람들이 선호하는 실적대비 저평가종목이 정말 좋은 투자 종목인지 이제 아주 분명하게 밝혀보겠다.

마법의 힘을 가진 PER

20년 이상 증권회사에 다니면서 내가 절대적으로 믿는 것은 바로 PER이다. 무수히 많은 기업을 방문하고 기업의 영업활동과 향후 계획을 파악하는 이유도 바로 PER 때문이다. 너무 간단하고 쉬워서 시시하다고 생각하는 투자자가 있을 것이다. 그 비웃음이 감탄으로 바뀌는 데 한 페이지도 걸리지 않을 것이다.

주식투자자라면 누구나 익히 잘 알고 있는 PER은 주가수익비율이다. 즉, PER = 주가 / 주당순이익이다. 위의 PER 공식은 다시 주가 = PER × 주당순이익으로 바꿀 수 있다. 이제 내가 하고자 하는 이야기는 다 나왔다.

투자자들이 그토록 바라는 주가가 오르기 위해서는 PER이 오르거나 주당순이익이 증가를 하면 된다. 그리고, 2~3년 이상 주식투자 경험이 있는 투자자들 중 많은 사람들은 실적대비 저평가종목이 투자 유망 종목이라고 생각을 해 왔으나, 막상 위의 공식에서 주가가 오르기 위해서 PER와 주당순이익 중에서 어느 것이 오르는 것이 주가를 상승시키는 확실한 것인지 금방 알 것이다. 실적대비 저평가종목에 투자하라고 추천하는 전문가는 5배 또는 6배인 PER이 10배 또는 12배가 되어야 한다고 주장을 하는 것이다. 반면에 실적호전주에 투자를 하라고 추천을 하는 나는 PER이 일정하다고 가정을 하면 주당순이익이 증가를 하면 주가는 반드시 오른다는 사실을 말씀을 드리는 것이다. 70% 이상의 일반투자자들은 이렇게 간단한 사실을 여태 모르고 주식투자를 해 온 것이다. 물론, 실적호전주를 선택한 나머지 30%의 일반투자자들도 사실은 전혀 모르고 실적호전주를 선택했을 것이다.

우리 조상님들의 지혜

지금 이 순간에 사용하라고 우리 조상님들이 나에게 만들어 주신 격언이 바로 '싼 게 비지떡'인 것 같다. 싸며 저평가인 주식은 분명 그 이유가 있는 것이다. 실제 실적에 비해서 상대적으로 주가가 저평가 상태에 있는 종목을 예를 들어서 살펴보겠다.

[표]9월 저PER주 20선　　　　　　　　　　　　　　　단위:원, 배, %

순위	종목명	주가	PER	PCR	분기 주당순이익(EPS)				
					'11.06	'11.03	'10.12	'10.09	'10.06
1		18,450	1.7	5.53	713	9,110	559	451	3,323
2		127,300	3.8	21.02	4,306	23,406	2,599	3,203	3,329
3		68,200	3.8	2.58	5,217	4,815	3,329	4,445	6,257
4		8,000	3.9	7.12	261	344	937	496	218
5		54,100	4.1	1.65	4,378	4,647	3,012	1,023	4,315
6		8,220	4.3	2.41	432	447	524	529	422
7		171,000	4.4	4.06	10,927	4,901	6,385	6,652	6,668
8		24,450	4.6	4.65	1,197	1,284	1,441	1,401	1,865
9		9,730	4.8	7.37	319	689	469	536	315
10		12,000	4.9	3.80	399	378	680	1,134	12
11		1,408,000	4.9	4.37	59,743	114,867	50,442	62,110	92,314
12		166,000	5.0	5.49	6,257	8,932	5,454	12,558	4,276
13		22,100	5.1	3.04	1,101	1,072	1,314	860	873
14		89,300	5.2	4.92	5,751	3,410	4,517	3,361	3,432
15		7,490	5.3	5.66	419	400	245	339	323
16		14,350	5.5	6.04	720	696	818	379	547
17		22,700	5.6	5.56	634	641	1,652	1,123	677
18		7,480	5.7	3.53	345	387	331	260	150
19		3,110	5.7	6.22	168	117	111	149	134
20		1,460	5.7	5.74	90	37	60	69	80

위의 화면에서 볼 수 있듯이 수많은 증권전문가들은 수시로 저평가 종목이라며 추천을 한다. 과연 증권 전문가들의 주장대로 투자 유망종목인지 살펴보도록 하자.

IFRS(연결)	Annual				Net Quarter			
	2014/12	2015/12	2016/12	2017/12(P)	2017/03	2017/06	2017/09	2017/12(P)
매출액	2,184	2,228	2,340	2,046	550	458	497	540
영업이익	97	92	108	-24	22	-33	-21	7
당기순이익	143	106	93	-19	26	-37	-9	0
지배주주순이익	142	106	93		27	-37	-9	
비지배주주순이익	1	1	-1		0	0	0	
자산총계	1,640	1,894	2,014		1,949	1,983	1,994	
부채총계	703	880	921		870	929	942	
자본총계	938	1,013	1,093		1,079	1,054	1,052	
지배주주지분	931	1,006	1,072		1,060	1,035	1,033	
비지배주주지분	7	7	21		19	19	19	
자본금	50	50	50		50	50	50	
부채비율	74.92	86.88	84.27		80.63	88.15	89.49	
유보율	1,761.40	1,912.57	2,044.75		2,020.46	1,970.93	1,966.09	
영업이익률	4.43	4.15	4.61		4.06	-7.19	-4.25	
지배주주순이익률	6.51	4.75	3.99	-0.93	4.84	-8.00	-1.79	0.06
ROA	8.87	6.02	4.74		5.31	-7.53	-1.74	
ROE	16.34	10.91	8.98		10.00	-14.00	-3.44	
EPS (원)	1,422	1,057	933	-190	267	-367	-89	4
BPS (원)	9,307	10,063	10,724		10,602	10,355	10,330	
DPS (원)	140	140	150					
PER	5.13	6.04	7.17					
PBR	0.78	0.63	0.62		0.61	0.63	0.47	

위의 화면은 자동차 부품업체인 ○○○사의 재무제표이다. 회사는 2017년도를 제외하고 매년 꾸준히 수익을 내고 있다. 증권전문가 중에서 ○○○사를 아주 싸다고 매수하라고 추천하는 경우를 나는 여러 번 접해 보았다. 전문가의 추천대로 ○○○사에 투자를 하였다면 정말로 수익을 낼 수 있었는지 실제 주가 움직임을 차트에서 확인해 보자.

위의 화면 차트에서 볼 수 있듯이 ○○○사의 주가는 2014년도에서 2016년도 사이 박스권에서 크게 벗어나지 못하는 모습을 보여 주고 있다. 주가는 대략 PER 5~7배 밴드 사이에서 움직이다가 2017년도 실적이 악화되면서 박스권을 하향 이탈하였다.

실적대비 저평가종목을 하나 더 살펴보자.

IFRS(별도)	Annual				Net Quarter			
	2014/12	2015/12	2016/12	2017/12(P)	2017/03	2017/06	2017/09	2017/12(P)
매출액	4,207	4,801	4,943	5,680	1,170	1,586	1,596	1,328
영업이익	152	247	439	590	78	137	215	160
당기순이익	237	243	337	446	67	110	162	107
자산총계	5,242	4,735	5,041		4,996	4,955	5,638	
부채총계	2,583	1,875	1,915		1,890	1,733	2,266	
자본총계	2,659	2,859	3,126		3,105	3,222	3,372	
자본금	623	623	623		623	623	623	
부채비율	97.13	65.58	61.27		60.87	53.77	67.19	
유보율	332.10	364.27	407.01		403.77	422.56	446.63	
영업이익률	3.62	5.14	8.87		6.70	8.62	13.44	
순이익률	5.62	5.06	6.81		5.74	6.93	10.16	
ROA	5.02	4.87	6.89		5.36	8.84	12.24	
ROE	9.40	8.81	11.25		8.63	13.89	19.67	
EPS (원)	1,900	1,951	2,704	3,586	540	883	1,302	861
BPS (원)	21,605	23,214	25,351		25,189	26,128	27,332	
DPS (원)	400	520	680					
PER	6.34	6.20	4.99					
PBR	0.56	0.52	0.53		0.54	0.59	0.51	

위의 표는 건설 업종 ○○회사의 재무제표이다. 역시 회사는 매년 꾸준히 실적을 내고 있다. 주가는 어떻게 움직였는지 다음 화면에서 확인해 보자.

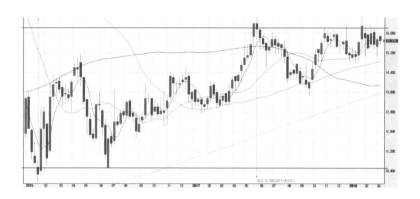

위의 화면 차트에서 볼 수 있듯이 ○○사의 주가는 PER 5~6배 사이에서 크게 벗어나지 못하고 있는 것을 알 수 있다. 물론, 박스권 저점에서 매수를 해서 박스권 고점에 매도를 하면 당연히 수익을 낼 수 있을 것이다. 그런 능력이 있는 투자자라면 여기서 이 책을 그만 읽으시라고 말씀드리고 싶다.

비지떡이 계속해서 비지떡인 이유

많은 전문가들이 추천하는 실적대비 저평가종목의 투자 수익이 좋지 못한 이유는 다음과 같다.

첫째, 성장성이 없다는 문제점이다. 위의 ○○○회사 사례에서 살펴 볼 수 있듯이 기업의 이익은 매년 거의 변동이 없다. 실적대비 저평가 종목들의 문제점은 성장성 측면에서 볼 때 선진국 은행의 제로금리 저축상품과 같은 것이다. 그렇게 때문에 인기가 없으며 실제로 주식시장에서 관심을 받지 못하는 것이다.

둘째, 많은 실적대비 저평가종목들은 차별화된 경쟁력이 없다는 점이다. 누구든지 언제든지 신규 진입이 가능하기 때문에 그러한 우려를 주가는 미리 반영하는 것이다.

셋째, 제품 가격 결정권이 없는 경우가 대부분이다. 대기업에 납품을 하는 중소 부품회사들 중 상당수는 매년, 심한 경우 매 분기 납품단가를 계속해서 인하해야 하는 경우를 기업탐방을 통해서 수없이 확인했었다.

실적호전주의 주가 상승 사례들

주가 = PER × 주당순이익 공식에서 주당순이익이 증가하는 종목, 즉 실적호전주에 투자하는 경우의 실제 사례를 예로 들어서 설명하고자 한다.

IFRS(연결)	Annual				Net Quarter			
	2014/12	2015/12	2016/12	2017/12(P)	2017/03	2017/06	2017/09	2017/12(P)
매출액	13,250	17,105	19,345		5,131	5,033	5,561	
영업이익	1,104	1,467	1,596		390	271	398	
당기순이익	867	1,147	1,275		307	197	271	
지배주주순이익	867	1,147	1,275		307	197	271	
비지배주주순이익	0	1	0		0	0	0	
자산총계	5,440	7,688	8,994		8,627	9,517	10,241	
부채총계	2,060	3,337	3,579		3,809	4,821	5,257	
자본총계	3,380	4,352	5,415		4,818	4,696	4,984	
지배주주지분	3,379	4,351	5,414		4,817	4,695	4,983	
비지배주주지분	2	1	1		1	1	1	
자본금	235	235	235		235	235	235	
부채비율	60.93	76.67	66.09		79.07	102.65	105.48	
유보율	1,555.66	1,968.76	2,420.63		2,441.58	2,538.53	2,660.74	
영업이익률	8.33	8.58	8.25		7.61	5.39	7.16	
지배주주순이익률	6.54	6.70	6.59		5.99	3.92	4.88	
ROA	16.51	17.48	15.29		13.95	8.70	10.99	
ROE	28.79	29.67	26.12		24.03	16.59	22.43	
EPS (원)	3,682	4,872	5,419		1,306	838	1,153	
BPS (원)	16,557	20,688	25,206		25,416	26,385	27,607	
DPS (원)	850	1,000	1,100					
PER	31.09	47.52	36.72					

위의 표는 가구용품을 제조, 판매하는 한샘의 재무제표이다. 재무제표에는 2014년도 이후 실적만 나타나 있다. 증권사 HTS에서 제공되는 상장사의 실적과 관련된 재무제표는 최근 4개년도의 실적만이 나오고 있다. 한편, 2012년도 한샘의 매출액과 영업이익, 순이익은 각각 7,832억/472억/394억이었다. 그리고, 2013년도 실적은 각각 1조6억/794억/612억으로 전년대비 급증을 하였고, 회사의 실적 호전은 2014년 이후 지속되었다. 2012년도와 2013년도 실적은 전자공시시스템에서 찾은 것이다. 과연 같은 기간 회사의 주가는 어떻게 움직였는지 다음 주가차트에서 확인해 보도록 하자.

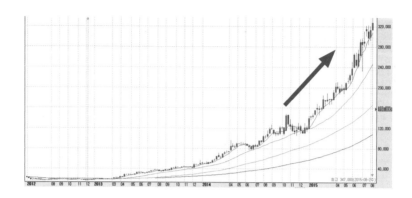

위의 차트에서 볼 수 있듯이 한샘의 주가는 기업의 실적이 본격적으로 급증한 2013년도 이후 실적 호전기간 중 크게 오른 것을 볼 수 있다. 주가는 3년간 대략 10배 가까이 상승했다.

실적호전주의 사례를 하나 더 살펴 보자.

IFRS(연결)	Annual				Net Quarter			
	2014/12	2015/12	2016/12	2017/12(E)	2017/03	2017/06	2017/09	2017/12(E)
매출액	11,076	13,738	18,703	21,140	5,052	5,241	5,229	5,617
영업이익	469	569	655	579	136	159	75	211
당기순이익	334	376	495	441	102	121	55	
지배주주순이익	333	376	495	441	102	121	54	163
비지배주주순이익	0	0	0		0	0	0	
자산총계	5,717	6,129	6,746	7,445	6,935	6,844	7,046	
부채총계	3,482	3,591	3,823	4,154	4,320	4,175	4,347	
자본총계	2,236	2,538	2,923	3,291	2,616	2,670	2,699	
지배주주지분	2,238	2,540	2,925	3,292	2,617	2,671	2,700	
비지배주주지분	-2	-2	-2	-1	-2	-2	-2	
자본금	431	431	431	431	431	431	431	
부채비율	155.74	141.53	130.78	126.24	165.15	156.39	161.07	
유보율	421.79	491.65	591.21		602.24	630.12	642.75	
영업이익률	4.23	4.14	3.50	2.74	2.69	3.02	1.44	3.75
지배주주순이익률	3.01	2.74	2.65	2.08	2.02	2.30	1.04	2.90
ROA	5.92	6.35	7.69	6.21	5.97	7.00	3.14	
ROE	15.86	15.73	18.12	14.17	14.73	18.23	8.11	24.15
EPS (원)	3,861	4,354	5,737	5,105	1,182	1,397	631	1,889
BPS (원)	26,089	29,583	34,561	38,807	35,112	36,506	37,137	
DPS (원)	762	869	956	956				
PER	38.85	63.50	29.54	25.76				

위의 화면은 SPC삼립식품의 재무제표이다. 한샘과 마찬가지로 2012년도와 2013년도 실적은 전자공시시스템에서 확인할 수 있다. 2012년도 SPC삼립식품의 매출액과 영업이익, 순이익은 각각 8,369억/116억/105억이었다. 그런데, 2013년부터 실적은 각각 1조662억/358억/220억으로 급증을 하였다. 같은 기간 회사의 주가는 어떻게 움직였는지 다음 주가차트에서 확인해 보도록 하자.

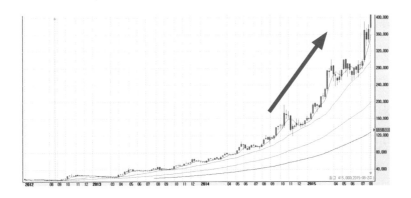

위의 SPC삼립식품 주가 차트에서 볼 수 있듯이, SPC삼립식품의 주가는 2013년 이후 3년간 무려 20배 가까이 상승한 것을 볼 수 있다. 대부분의 일반투자자들에게는 남의 일처럼 보이겠으나, 나의 수많은 기업탐방 경험상 이 책의 내용을 잘 이해하고 행동으로 실천한다면 누구나 실적호전주를 발굴할 수 있다고 생각한다.

여기서 조금 이상한 점을 발견하신 투자자분들이 있는지 궁금하다. 이상한 부분을 발견한 투자자분들은 주가가 급등할 실적호전주를 발굴할 수 있는 자질이 충분히 있는 분이라고 생각한다. 위의 실적호전주들의 주가는 기업의 실적이 증가하는 것보다 훨씬 더 많이 급등을 하였다. 즉, 영업이익 증가율보다 주가는 몇 배 더 많이 올랐다. 과연 왜 그랬을까?

  만일 순이익이 매년 2배씩 증가를 하는 기업이 주식시장에 상장되어 있다고 가정을 해 보자. 그리고 그 회사의 주식을 PER이 10배인 수준에서 매수를 하였다면, 1년 뒤에 주가가 변하지 않았다면 PER은 10배에서 5배로 주식은 저PER주가 될 것이다. 그리고, 1년이 더 지난다면 주식은 PER 2.5배라는 말도 안 되는 저PER 상태에 진입을 할 것이다. 매년 실적이 2배씩 증가하는 실적호전주는 PER이 10배가 아닌 20배인 상태에서 주식을 매수를 한다 하여도 주가가 변하지 않는다면 1년 뒤에 PER은 10가 되며, 2년 뒤에는 저PER인 5배가 되는 것이다.

  실적호전주는 비록 당장은 비싸더라도 매년 확실히 실적이 증가를 한다면 PER이 10배가 아닌 20배 혹은 30, 40배인 상태여도 기꺼이 비싼 가격에서도 매수하고자 하는 투자자가 있다. 따라서, 위의 실적호전주 실제 사례에서 볼 수 있듯이 매년 영업이익이 2배씩 증가를 한다면 실적호전주의 주가는 PER상승분과 주당순이익 증가분에 비례해서 4배 또는 6배, 8배 상승을 하게 될 것이다. 따라서 SPC삼립식품의 주가 상승인 20배는 과도한 주가 상승이 아닌 충분히 설명 가능한 주가 상승이었다.

  이제 일반투자자들은 실적호전주와 실적대비 저평가종목중에서 어느 주식에 투자를 해야 하는지 정확하게 이해하였을 것이다.

아이가 타고 있어요!

　자동차로 도로를 운전하다 보면 앞차의 뒷면 유리에 '아이가 타고 있어요!' 또는 'Baby in the car!'라는 문구를 쉽게 볼 수 있다. 많은 일반인들은 자동차를 운전하다가 이런 문구를 처음 보았을 때, 자신의 자동차에 어린 아이가 타고 있으니 사고가 나지 않도록 안전 운전을 해 달라고 다른 운전자에게 당부하는 문구라고 판단을 하였을 것이다. 아마도 거의 대부분의 자동차 운전자들은 같은 생각을 하였을 것이다. 그러나, '아이가 타고 있어요!'라는 문구는 사뭇 다른 의도를 가진 문구였다.

　어느 날 미국 고속도로에서 자동차 충돌사고가 발생하였다고 한다. 그리고, 사고 차량에서 사람들은 젊은 남자 운전자와 옆 좌석에 있던 젊은 여자의 시신을 발견할 수 있었다. 형체를 알아 볼 수 없게 망가진 자동차는 폐차를 하기로 정해졌다. 그런데, 자동차 폐차장에서 우연히 사고 차량의 뒷좌석에 어린아이가 숨겨 있는 것을 발견하게 되었다고 한다. 너무 어리고 작아서 사고 당시 어린 아이의 시신을 사람들은 발견하지 못하였던 것이다. 그 이후 미국에서는 어린아이가 있는 집에서는 자동차에 'Baby in the car!'라는 스티커를 뒤 유리창 전면에 쉽게 눈에 띄도록 붙이기 시작하였다고 한다. 즉, 어린아이가 차에 타고 있으니 혹시 자동차 사고가 발생하면 어린 아이를 먼저 구조해 달라는 의미였다. 그런데, 우리나라에서는 원래의 의미하고는 다르게 차에 어린아이가 타고 있으니 안전운전을 해 달라는 뜻으로 해석이 되고 있는 것이다. 마찬가지로 주식시장에서도 기업과 관련된 뉴스나 공시 중 원래의 의도하고는 다르게 잘못 해석되는 것을 나는 기업탐방을 하면서 종종 발견하게 된다.

나쁜 생산설비 증설 투자 공시

수년 전 한 기업은 생산설비를 크게 늘리는 공시를 하였고, 증권방송에서 소위 말하는 증권 전문가 한 사람이 그 기업의 향후 매출과 영업이익이 크게 증가를 할 것이라고 일반투자자들에게 매수 추천하는 것을 본 기억이 있다. 그러나, 주식시장의 기대와는 다르게 기업의 매출은 전혀 증가하지 못하였고, 오히려 해당 기업은 생산설비를 크게 늘린 탓에 고정비의 급격한 증가와 감가상각비의 증가로 영업이익이 큰 폭으로 하락을 하였다. 그 결과 해당 기업의 주가는 수년간 크게 지속적으로 하락을 하였고 현재 그 기업은 관리종목 상태에 있다. 나는 회사의 실적이 급격히 악화가 되어 주가가 많이 하락한 상태에서 기업의 실적이 다시 좋아질 가능성이 있는지 파악하기 위해서 그 기업을 탐방한 적이 있었다. 기업탐방 전 내가 작성한 질문 리스트에는 생산설비를 크게 늘린 이유를 묻는 질문이 당연히 질문 리스트의 상단에 자리잡고 있었다.

기업탐방 당시 나는 생산설비를 크게 늘린 이유의 질문에 대한 충격적인 답변을 듣게 되었다. 그 기업은 특정산업의 제품 생산 기업에 소재를 납품하는 1차밴더에 첨가제를 납품하는 2차밴더였다. 어느 날 자신들의 주 고객인 1차밴더 회사가 생산설비를 크게 증가시키는 투자를 발표하였고, 자신들은 1차밴더의 설비투자로 예상되는 생산량 증가분만큼 추가 수주를 기대하고 자신들의 생산설비를 크게 늘렸던 것이다. 그러나, 2차밴더였던 회사의 기대와는 다르게 1차밴더로부터의 주문량은 증가하지 않았고 결국 과잉투자로 인해서 기업은 현재 존폐의 기로에 있게 되었다. 참고로, 대기업에 부품이나 소재를 직접 납품하는 회사를 보통 1차밴더라고 부르고, 1차밴더에 납품하는 회사는 2차밴더라고 부른다.

미국의 유명 반도체 회사였던 TI(Texas Instrument)사는 1990년대에 태국에 반도체 생산공장을 건설하는 투자를 단행하게 된다. 1990년대 아시아의 4마리 용으로 불리었던, 한국/대만/싱가폴/홍콩의 눈부신 경제 성장을 지켜보면서 몹시 부러웠던 태국은 당시 총리의 주도로 해외 기업들에게 파격적인 세제혜택을 주면서 적극적인 투자 유치 정책을 펼쳤었다. 그리고, TI의 반도체 생산공장 건설은 그 산물이었다. 그러나, 첨단 전자산업하고는 전혀 상관이 없는 태국에서의 반도체 생산 공장은 효율성이 크게 떨어지는 투자였으며, 결국 TI사는 태국에서의 반도체 투자를 철수하였고 많은 해외 투자자금이 일시에 대규모로 빠져나가면서 태국은 금융위기를 맞게 되었다.

위의 두 사례는 당연히 나쁜 설비투자 공시였다. 주식시장에서 일반적으로 생산설비 증가를 위한 투자는 기업의 매출증가와 영업이익 증가로 이어진다고 보고 기업이 성장을 하는 것으로 받아들인다. 하지만,

실제 기업탐방을 통해서 생산설비 투자의 이유가 위에서 예를 든 기업의 경우처럼 정확한 예측과 분석에 의해서라기보다는 단순하고 즉흥적인 결정에 의해서 이루어지는 경우를 간혹 접하게 된다.

좋은 설비투자의 사례

예전에 국제영업을 할 때, 국내 중소기업이 발행하는 CB(전환사채)나 BW(신주인수권부사채)에 수백억을 한꺼번에 투자하는 한 외국계 투자회사가 있었다. 그 외국계 투자회사의 한국 대표는 항상 신기술을 개발하거나 새롭게 떠오르는 유망 산업에 진입을 하려고는 하나 생산설비 투자 자금이 모자라서 CB나 BW를 발행하려는 기업을 소개해 달라고 만날 때마다 나한테 요청을 했었다. 2010년 무렵 나는 기업을 탐방하면서 알게 된 FPCB 설비투자 자금이 필요한 한 중소 기업을 그 외국인 고객에게 소개 해 준 적이 있었다. 그 외국계 투자회사는 2~3개월 간의 충분한 검토 이후 150억을 전환사채로 그 회사에 투자를 하게 되었다. 그 이후 삼성과 애플은 경쟁적으로 스마트폰 생산량을 늘렸으며, FPCB 설비투자는 성공적이었다. 그 회사의 주가는 당연히 크게 올랐고, 그 외국계 투자회사는 전환사채를 주식으로 전환해서 큰 수익을 냈었다. 물론, 그 외국계투자회사의 중소기업 필요자금 투자가 항상 성공적 이진 않았을 것이다. 오래 동안 기업탐방을 하면서 내가 겪은 좋은 설비투자는 바로 위의 사례와 같은 것이다.

분명한 목적이 있는 설비투자가 아닌 단순히 향후 수주 증가에 대비

해서 설비투자를 단행하는 기업은 위험한 결정을 한 것이다. 회사의 의도대로 주문량이 증가를 하지 못한다면 이는 과잉 설비투자인 것으로 결론이 날 것이며, 그 과잉설비투자는 기업의 자금 악화로 이어지기 때문이다.

잘못된 투자 결정으로 영업활동이 어려워지고, 결국은 문을 닫았던 기업들이 수없이 많았다는 사실을 잊지 말도록 하자.

기업의 수주공시의 무서운 진실

　지점에서 고객에게 종목을 추천하면 먼저 코스닥 상장회사인지 여부를 묻는 고객들을 종종 만나게 된다. 그런 질문을 하시는 고객들은 대부분 예전에 코스닥 종목 투자로 큰 손실을 여러 번 경험을 해서 아예 코스닥 종목은 피해서 투자를 하려는 분들이다. 특히, 2000년 IT버블과 2007년 글로벌금융위기 당시 코스닥에 투자를 했던 투자자들은 큰 손실을 보았고 그 이후 코스닥 종목은 아예 투자 대상 종목군에서 제외를 하는 고객을 자주 접하였다.

　대한민국 경제의 든든한 버팀목은 글로벌화 된 대기업이 결코 아니라 산업 전반에 걸쳐서 기술력과 제품으로 해외 유명 업체들과 경쟁을 하고 있는 강소 중소기업이라고 나는 생각한다. 그런데 기업탐방을 진행하면서 특히 코스닥 종목들에 크게 실망을 한 경우가 적지 않았다.

단일판매 · 공급계약체결

1. 판매 · 공급계약 내용		
2. 계약내역	계약금액(원)	167,613,410,800
	최근 매출액(원)	1,117,704,662,075
	매출액 대비(%)	15.0
3. 계약상대방		
-회사와의 관계		
4. 판매 · 공급지역		
5. 계약기간	시작일	2017-11-16
	종료일	2018-11-15
6. 주요 계약조건		-
7. 판매 · 공급방식	자체생산	해당
	외주생산	미해당
	기타	-
8. 계약(수주)일자		2017-12-27
9. 공시유보 관련내용	유보기한	-
	유보사유	-
10. 기타 투자판단에 참고할 사항		
- 계약금액은 판매단가에 계약기간동안의 판매량을 곱하여 산정하였으며 부가가치세 제외 금액임 - 최근 매출액은 2016년도말 연결기준임		
※ 관련공시		-

주)수주금액이 전년도 매출액 대비 10% 이상 시 의무공시 사항임

위의 화면은 거래소 상장기업의 수주공시이다. 상장회사는 수주금액이 전년도 총 매출액 대비 10% 이상이면 거래소를 통한 공시가 의무 사항이다. 상기 회사의 수주금액은 위의 화면에서 볼 수 있듯이 전년대비 15%이다. 그리고, 공시내용 중에는 계약 상대방이 누구인지 언급해야 하는 항목이 있다. 때에 따라서는 계약 상대방의 비밀유지 요청으로 계약 상대방이 어디인지 언급하지 않는 경우도 있으나, 계약 상대방 회사가 어디인지 언급하는 상장회사도 많이 있다.

2004년도 무렵 줄기세포관련 테마주로 엮이면서 급등락을 반복하던 코스닥 상장 회사 A는 원래 기계장비용 부품을 생산하던 업체였다. 줄기세포치료제와 복제에 대한 연구가 향후 대한민국 경제를 이끌어 갈 미래 성장산업으로 부각되던 당시 줄기세포관련주들은 단기간에 몇 배씩 상승하던 시기였다. A회사는 줄기세포 연구 기업에 지분투자를 하였다는 공시를 냈고, 회사의 주가는 줄기세포 테마로 단기간 급등을 하였다. 그리고, 줄기세포 테마가 한 풀 꺾이면서 관련 종목들이 급락을 하는 상황에서 A기업은 본업인 기계장비용 부품의 대규모 수주공시를 내게 된다. 과거 수년간 매출은 하향세였고, 이익은 적자 전환을 하여 신사업으로 줄기세포 치료제 개발 회사에 지분 투자를 하였던 A회사가 갑자기 기계장비용 부품 대규모 수주공시를 냈다는 뉴스에 나는 다소 의아해했었다. 그래서, 나는 공시 내용에 적혀있는 계약 상대방 회사의 전화번호를 인터넷으로 검색하여 정보를 얻고 해당 회사에 전화를 하였다. 당시 나는 구매담당부서에 전화를 하였던 것 같다.

의아해하는 직원에게 전화상으로 증권회사에 다니는 ○○○인데 전화를 드린 회사의 거래업체로 알려진 A사가 대규모 수주공시를 내서 확인하려고 전화를 드리게 되었다고 하였다. 그런데, 충격적인 이야기를 나는 전해 들었고, 10년이 훨씬 넘게 지난 지금도 당시 전화통화 하던 상황이 생생히 기억난다. 구매담당부서의 계약 담당자라는 사람은 A사가 매출 관련 계약서를 작성해 달라고 요청을 해서 계약서는 작성을 해 주었지만, 실제로 부품을 구매하지는 않을 것이라고 하였다. 나는 기업의 수주와 관련된 계약은 소위 말하는 MOU(양해 각서)의 형태로 계약 체결 내용을 이행해야 하는 강제력은 없다는 사실을 그때 처음 알게 되었다. 그렇다면, A회사는 왜 매출 관련 MOU형태의 계약서를 작성해 줄 것을 거래업체에 요청했을까?

A업체는 그 계약이 회사의 매출로 이어지지 않을 것이라는 사실은 누구보다 잘 알았을 것이다. 결국, 줄기세포테마주로 급등하던 주가가 급락을 하자 A회사는 주가를 방어하는 차원에서 거래업체에 계약서 작성을 요청하였고, 그 계약서를 바탕으로 거래소를 통해서 대규모 수주공시계약을 발표한 게 아닌가 하는 강한 의심을 나는 지울 수 없었다. 실제로 상장회사는 수주공시를 하려면 수주계약서를 첨부하여 거래소 공시 담당자에게 제출을 해야 거래소에서 수주공시를 내 주고 있다.

많은 상장 회사들이 연초에 당해년도 회사 매출 및 영업이익에 대한 전망치를 공식적으로 발표한다. 주식IR담당자는 회사의 수주 잔고 금액 등을 제시하며 나름대로의 실적 전망치에 대한 근거 자료를 제시한다. 그러나, 해가 바뀌면 전년도 당초 회사가 제시하였던 실적 전망치에 훨씬 못 미치는 실적 발표로 주가가 급락을 하는 경우를 자주 접할 수 있다. 그리고, 회사에서는 당초 계약과는 다르게 매출규모가 줄었다고 말하거나 혹은 납품시기가 당초 예상보다 지연되었다고 말하는 경우도 쉽게 볼 수 있다. 이는 회사에서 제시한 수주잔고와 관련된 계약서 자체가 대부분 MOU 형태이기 때문에 법적 강제성이 없고, 수주계약에 나와 있는 고객사는 자사의 영업 상황에 따라서 납품 받는 제품의 규모와 시기를 언제든지 손쉽게 변경할 수 있기 때문이다. 그렇기 때문에 수주기업의 실제 매출이 처음의 계약과는 다르게 크게 감소할 수 있는 것이다.

물론, 대부분의 회사는 건전하고 투명하게 열정적으로 회사를 경영한다. 하지만, 아쉽게도 기업탐방을 진행하다 보면 일부 회사들의 경영자들은 회사의 경영보다는 자신의 회사 지분을 어떻게 하면 높은 가격에 안전하게 EXIT 할 것인지 그것만 고민하는 것을 보는 경우가 있었다. 나는 가능하다면 투자하는 기업이 수주공시를 낸다면 공시 내용에 나와 있는 계약 상대방 회사에 직접 전화를 해서 수주공시가 회사의 실제 매출로 이어질 가능성이 높은지 여부를 확인하고 있다. 이는 기업탐방을 진행하면서 얻은 또 하나의 소중한 기업분석 방법이다.

워렌 버핏이 알려주는 테마주 투자의 위험성

'주가는 회사의 미래 꿈을 먹고 자란다'라는 말을 들어본 투자자들이 많을 것이다. 분명 맞는 말이다. 회사가 유망 산업에 진입을 한다면 미래에 기업의 수익은 커질 것이며 주가는 앞에서 살펴본 대로 기업의 실적을 따라가면서 상승할 것이다. 주식시장에서 소위 말하는 테마주란 미래의 유망산업이나 정부정책의 수혜로 기업이 큰 수익을 낼 것에 대한 기대감을 미리 주가에 반영하고 있는 회사들이다. 한때 테마주 투자와 관련된 증권서적이 많은 인기를 끈 적도 있었다. 그러나, 나는 다음과 같은 이유로 테마주에는 절대로 투자를 하지 않는다.

워렌 버핏은 이미 오래전에 말했다 - 테마주에 투자하지 말라

현존하는 가장 위대한 투자가인 워렌 버핏이 인터넷관련주에 대해서 언급한 내용은 익히 잘 알려져 있다. 1990년대 후반 IT 혁명이라고 불리우며 관련 회사들의 주가가 단기간 수십 배씩 상승을 하자 전통적으로 잘 알려진 굴뚝주에만 투자를 하는 워렌 버핏에게 투자자들의 불만이 제기되었다. 그러자 그는 다음과 같은 유명한 말을 하였다. '나는 IT 회사들이 미래에 어떻게 돈을 벌 것인지 확신이 없기 때문에 투자를 하지 않는다'라고 말이다. 워렌 버핏은 1990년대 후반 산업혁명에 비교되었던 IT 관련주들의 상승을 테마주의 상승으로 보았던 것 같다.

최근의 비트코인과 블록체인 산업은 미래의 황금알을 낳아 줄 유망

산업으로 부각이 되었고 관련주들은 2017년부터 급등을 하였다. 그러나, 확실히 검증이 된 산업이라고 누구도 확신할 수 없으며 만일 미래를 이끌어 갈 산업으로 검증이 되지 않는다면 관련주는 당연히 상승분을 모두 반납할 것이다.

그래서 나는 상승 초기가 아니면 테마주에는 절대로 투자하지 말라고 고객들께 이야기하고 있다. 나는 많은 일반투자자들이 테마주들의 주가가 이미 크게 상승을 한 상태에서 단기간의 주가 급등락을 이용한 수익을 목적으로 투자하는 것을 자주 목격하였다. 그러나, 테마주들은 향후 언제, 어느 수준의 수익을 창출할지 도통 예측을 할 수 없기 때문에 주가도 얼마까지 오를지, 그리고 재차 하락을 한다면 어느 수준까지 주가가 하락을 할 것인지 예측이 불가능하다.

테마주의 결론은 항상 같다

과거 수없이 많은 테마주가 형성이 되고 사라지고 다시 새로운 테마주가 생겨나 왔다. 주식시장이 존재하는 한 테마주는 계속해서 생겨날 것이다. 그런데, 과거 테마주로 급등을 했다가 실제로 성장 산업으로 밝혀졌고 관련 회사들이 많은 돈을 번 사례를 결코 보지 못했다. 테마주로 엮이면서 주가가 단기간 급등을 했다가 그 주가 수준을 지금까지 유지하고 있는 기업을 본 적이 있는지 일반투자자들에게 물어 보고 싶다. 대부분의 테마주들은 시간이 지나면 다시 원래의 주가 수준으로 하락을 한다.

산업의 밸류체인을 이해하자

2000년대 중반 이후 태양광 산업에 종사하던 회사들은 각국 정부의 태양광산업 지원정책으로 큰 돈을 벌었다. 서두에서 인용하였던, 태양광 폴리실리콘을 생산하는 OCI 역시 폴리실리콘의 가격 급등으로 큰 돈을 벌었다. OCI의 주가는 2005년 3만 원대에서 2008년 40만 원 가까이 상승을 하였다가, 글로벌 금융위기로 하락을 하였다가 재차 상승을 하여 2011년 60만 원까지 상승했었다. 2018년에 OCI의 주가는 폴리실리콘 가격 상승과 이에 따른 태양광 산업 회복에 대한 기대감으로 20만 원 가까이 상승했었다.

주식시장 참여자들 대부분은 태양광 산업이 회복되면 OCI의 실적은 폴리실리콘 가격 상승으로 주가가 이전의 60만 원은 아니더라도 30~40만 원까지는 상승할 수 있다고 믿고 있을 것이다. 그러나, 나는 글로벌 폴리실리콘 생산량에 대한 급격한 구조조정을 하지 않는 이상 다음과 같은 이유로 OCI가 이전처럼 많은 돈을 벌 수 있는 시기는 이미 끝났다고 자신 있게 말할 수 있다.

먼저 태양광 산업의 밸류체인을 살펴 보도록 하자.

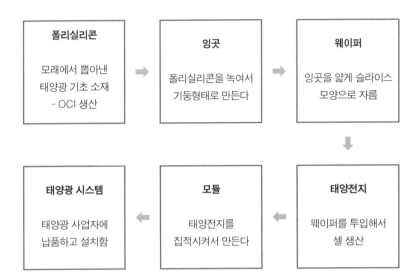

일반투자자들의 이해를 돕기 위해서 최대한 단순하게 설명을 하겠다. 위의 도표에서 볼 수 있듯이 태양광산업의 밸류체인상 가장 하단부에 바로 OCI가 있다. 주식투자자는 익히 잘 알듯이 OCI는 폴리실리콘을 생산하여 태양광 잉곳 생산업자를 거쳐서 태양광 웨이퍼 생산업체에 납품을 한다. 태양광 웨이퍼를 생산하는 데 폴리실리콘이 사용되기 때문이다. 태양광 웨이퍼 생산 업체는 다시 생산한 태양광 웨이퍼를 태양광 모듈 생산업체에게 납품을 한다. 그리고, 태양광 모듈 생산업체는 마지막으로 태양광 사업자에게 모듈을 납품하게 된다. 태양광 사업자는 정부의 보조금을 받아서 태양광 전기 생산설비를 건설하여 전기를 생산하는 것이다.

태양광산업 밸류체인을 이해한다면 폴리실리콘의 가격은 바로 위에 있는 태양광 웨이퍼 가격의 영향을 직접적으로 받을 수밖에 없다는 사실을 쉽게 알 수 있다. 태양광 웨이퍼의 가격이 오르지 않는 상황에서 태양광 웨이퍼 생산업자가 자신은 손해를 보면서 폴리실리콘을 높은 가격에 사 줄 리가 없다. 마찬가지로 태양광 모듈 생산업자는 태양광 모듈의 가격이 오르지 않는 이상 태양광 웨이퍼를 손해 보면서까지 높은 가격에 사지 않을 것이다. 결론적으로, 태양광 산업의 가장 상단에 자리한 태양광 사업자가 정부 보조금을 넉넉하게 받아서 큰 돈을 벌지 않는 이상 태양광 모듈 가격을 인상해 주지 않을 것이고, 순차적인 영향으로 태양광 산업의 밸류체인의 가장 하단에 자리한 폴리실리콘의 가격은 절대 크게 오를 수 없는 구조이다.

문제는 일반투자자들의 기대와는 다르게 많은 공급자들이 존재하는 이미 성숙단계에 진입한 태양광 산업이 회복되더라도 태양광 모듈의 가격은 쉽게 오르지 못한다는 사실이다. 그리고, 순차적인 영향으로 폴리실리콘을 생산하고 있는 OCI 역시 큰 돈을 벌 수 있는 상황이 되지 못하고 있다. 태양광발전 단가는 매년 지속적으로 하락하고 있다. 태양광발전 단가에는 당연히 태양광 모듈가격과 그 외에 설치비 및 토지 매입 비용 등이 포함된다. 태양광 설치비와 토지 매입 비용이 매년 상승하지 않는다고 가정을 하더라도 매년 태양광 발전단가가 지속적으로 하락을 하고 있는 것은 바로 태양광모듈가격의 흐름이 어떤지를 충분히 짐작하게 해준다.

이는 이미 성숙단계를 지나고 있는 LCD 산업과 같은 이치다. 성숙단계를 지나고 있는 LCD 패널의 가격은 현재 지속적으로 하락을 하고 있으며, 대표적인 LCD 패널 생산업체인 LG디스플레이는 원가 절감과 생산 효율성 증대로 LCD 패널 가격 하락을 버텨내고 있는 것이다. 그리고, LCD 산업의 밸류체인 하단에 있는 업체 역시 피나는 원가 절감 노력으로 버티고 있는 중이다.

산업의 초기 단계에서는 가격 결정이 비합리적인 경우가 많다

그렇다면, 과연 OCI는 2005년도 이후 어떻게 그리 많은 돈을 벌 수 있었을까? 태양광 산업만이 아니라 모든 산업은 본격적으로 개화가 된 초기에 충분히 많은 생산업자와 수요자가 없기 때문에 가격이 비 합리적으로 높은 가격에 형성되는 경우가 많다. OCI역시 태양광산업이 본격 개화된 초기에 폴리실리콘이 높은 가격을 형성했을 때 많은 돈을 번 것이다. 물론, 산업 초기부터 잘 준비를 해 온 회사이기 때문에 가능하였다. 그러나, 이미 성숙기 단계에 진입을 해서 충분히 많은 폴리실리콘 생산업자가 존재하는 현재 상황에서 폴리실리콘이 과거와 같은 높은 가격을 회복할 수는 없다.

이는 LED 산업도 마찬가지이다. LED 산업 초창기에 LED칩을 만드는 핵심 소재인 사파이어잉곳을 생산하였던 국내 기업들은 아주 큰 돈을 벌었다. 하지만, 지금은 대부분의 사파이어잉곳 생산업자들은 경영난에 허덕이고 있다.

회사도 자신이 속한 업종의 경기를 예측하지 못한다.

투자 유망 종목을 발굴하는 방법 중 하나인 TOP-Down 방식은 산업의 경기 상황을 먼저 파악하는 방법이다. 경기가 좋아지고 있거나 적어도 좋아질 가능성이 높은 산업을 먼저 정하고, 그 산업 내에서 경쟁력을 가진 회사를 최종적으로 투자 회사로 선정하는 방식이다. 그러나, 나의 경험상 TOP-Down방식의 종목 접근은 좋은 투자 방법이라고 생각하지 않는다.

수없이 많은 기업탐방 경험을 통해서 얻은 것들 중 하나는 경기순환 업종의 싸이클은 다분히 심리적인 측면의 영향을 아주 많이 받고 있다는 것이다. 구체적으로 가상의 예를 들어서 설명하겠다. 이는 다분히 나의 생각이며 경제 전문가들은 아주 다르게 생각할 수 있다는 점을 미리 언급해 둔다.

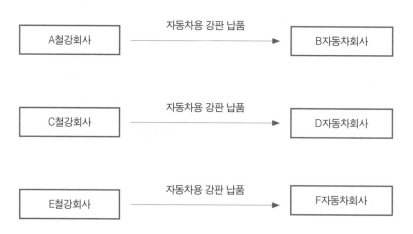

철강 생산회사와 자동차회사가 각각 3개씩만 존재하는 시장이 있다고 단순 가정해 보자. A철강회사는 C, E철강회사와 경쟁관계에 있다. B자동차회사는 D, F자동차회사와 경쟁관계에 있다. 단순히 A철강회사는 B자동차회사와만 거래를 하고 있다. 마찬가지로 C철강회사는 D자동차회사와, E철강회사는 F자동차 회사하고만 거래를 하고 있다. 그런데, 어느 날 B자동차 회사는 야심차게 새로운 전략 모델의 자동차를 준비했고, 기존의 자동차 생산을 위한 철강 수요보다 일시적으로 더 많은 철강이 필요하게 되어 A철강회사에 기존보다 더 많은 철강의 납품을 요구하게 된다. B자동차회사의 갑작스런 철강 납품 요청에 A철강회사는 자동차 산업 경기가 좋아지는 것이 아닌가 하고 이전보다 높은 철강 납품 단가를 요구하게 된다.

A사의 가격인상 요구에 B자동차 회사는 화가 났지만, 야심차게 준비한 신모델로 더 많은 돈을 벌 자신이 있기 때문에 A철강회사의 요구를 들어주기로 결정을 한다. 이를 지켜본 C철강회사는 자신의 거래업체인 D자동차 회사에 철강 납품 단가 인상을 요구하게 된다. D자동차 회사 역시 화가 났지만, 혹시라도 C철강회사가 다른 경쟁 자동차회사와 거래를 할 것을 우려해서 C철강 회사의 요구조건을 수용하게 된다. 일련의 과정을 전부 지켜본 E철강회사는 자동차 산업의 호황과 이에 따른 철강 경기 회복을 확신하게 되고 자신의 거래 업체인 F자동차 회사에 납품 철강 가격인상을 일방적으로 통보하게 된다. 이제 철강업종은 새로운 호황 국면을 맞이하게 된다.

신 전략 모델 출시를 준비한 B자동차 회사가 본의 아니게 철강산업의 경기를 회복시켜 준 것이다. 도로에서 옆 차선의 자동차가 차선을 변경하면 뒤에서 달리던 자동차는 브레이크를 밟게 되고 연이어 달리던 차량들도 연쇄적으로 브레이크를 밟게 되어 있다. 그 영향으로 조금 더 떨어진 뒤에 있는 차들은 아예 서버리게 된다. 이것을 과연 누가 예측할 수 있겠는가? 물론 위의 시나리오는 나의 망상일 수 있다. 하지만, 기업탐방을 수없이 많이 하면서 기업조차 자신이 속한 산업의 경기 순환을 전혀 예측하지 못하는 것을 아주 많이 봤다.

우리 회사는 산업의 경기 예측을 못해요

IFRS(연결)	Annual				Net Quarter			
	2014/12	2015/12	2016/12	2017/12(P)	2017/03	2017/06	2017/09	2017/12(P)
매출액	148,590	117,133	132,235	158,745	39,960	38,533	39,902	40,349
영업이익	3,509	16,111	25,443	29,276	8,148	6,322	7,662	7,144
당기순이익	1,437	9,907	18,372	22,811	6,414	5,155	6,310	4,933
지배주주순이익	1,469	9,925	18,358	22,409	6,402	5,153	6,162	4,693
비지배주주순이익	-32	-19	14		11	2	149	
자산총계	103,227	114,678	158,668		167,367	171,627	186,239	
부채총계	38,537	39,122	64,660		69,028	67,384	66,083	
자본총계	64,690	75,556	94,008		98,339	104,243	120,156	
지배주주지분	64,371	75,248	93,631		97,979	103,873	112,276	
비지배주주지분	319	308	377		360	370	7,879	
자본금	1,714	1,714	1,714		1,714	1,714	1,714	
부채비율	59.57	51.78	68.78		70.19	64.64	55.00	
유보율	3,656.10	4,290.76	5,363.46		5,617.15	5,961.08	6,451.42	
영업이익률	2.36	13.75	19.24		20.39	16.41	19.20	
지배주주순이익률	0.99	8.47	13.88	14.37	16.02	13.37	15.44	12.22
ROA	1.37	9.09	13.44		15.74	12.16	14.11	
ROE	2.31	14.22	21.74		26.73	20.42	22.81	
EPS (원)	4,285	28,957	53,561	65,380	18,679	15,033	17,977	13,691
BPS (원)	187,805	219,538	273,173		285,857	303,054	327,571	
DPS (원)	1,000	2,500	4,000					
PER	37.34	8.41	6.89					

위의 화면은 대표적인 경기 순환업종에 속한 기업의 재무제표이다. 꾸준히 매출은 증가를 하지만, 영업이익은 2015년도 이후 갑자기 크게 증가하고 있는 것을 볼 수 있다.

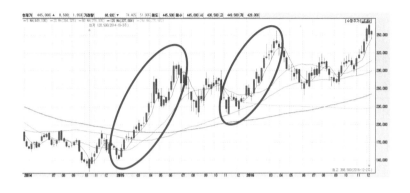

위의 주가차트 화면에서 보는 것처럼 회사의 주가는 영업이익이 급증할 때마다 크게 오르는 것을 볼 수 있다. 위 회사의 전략은 경기 변동을 예측하는 대신 꾸준히 생산설비투자를 늘리고 생산 효율성을 높여서 경기가 호황국면에 진입을 하면 타 경쟁업체보다 돈을 더 많이 벌겠다는 전략이었다. 나는 경기순환 예측을 못하면 차라리 위에서 언급한 회사처럼 다가올 호황국면을 철저히 준비하는 전략이 아주 훌륭하다고 생각된다.

차트 분석과 재무제표는 이것만 알면 끝!

1990년대까지 새롭게 출간되는 증권서적의 90프로 이상은 기술적 차트 분석이었다. 나 역시 증권회사에 다니던 초기에는 기술적 차트 분석에 주식 공부의 거의 모든 시간을 투자하였다. 수 년간 차트 분석에 매진한 뒤 국제영업을 하면서 내린 기술적 차트 분석에 대한 나의 결론은 한마디로 '수학 중간고사 시험 범위는 3단원인데 수학 참고서를 가지고 나는 1, 2단원만 열심히 공부를 하였다'이다. 기술적 분석가들이 주장하는 주가와 거래량의 흔적은 해당 종목 주가의 미래 모습을 전혀 나한테 보여주지 못했다. 강세장과 약세장을 여러 번 경험한 내가 생각하는 기술적 차트 분석의 치명적인 오류는 하락장세에서 투자자들에게 큰 손실을 입힌다는 점이다. 실체인 기업에 대한 분석은 전혀 없이 주가 차트의 움직임에만 집착하다 보면 기업 내용의 변화에 의한 주가 하락이나 전반적인 주식시장의 변화를 전혀 예측하지 못한다는 사실이다.

매수 추천 가격: ○○○원, 1차 목표가: ○○○원,

2차 목표가: ○○○원, 손절가: ○○○원

위의 표현을 일반투자자들은 증권 방송에서 자주 보았을 것이다. 전문가들의 종목 상담 중에서 마지막으로 차트를 분석하면서 최종적으로 상담을 의뢰한 투자자들에게 제시하는 매수 추천가격, 목표가격과 손절가격이다. 위의 멘트가 끝나야 상담을 의뢰한 투자자도, 상담을 해준 전문가도 비로소 제대로 된 종목상담이라고 믿는다. '왜 1차 목표가는 ○○○원, 2차 목표가는 ○○○원, 손절가는 ○○○원이냐'고 묻는 일반투자자를 본 적은 없을 것이다. 만일 누군가가 그리 질문을 한다면 상담을 해준 전문가는 '이전 고점 수준을 1차 목표가로, 그보다 대략 10% 높은 주가 수준을 2차 목표가로, 손절가는 매수가격의 ○○% 하락'으로 정했다고 답변을 할 가능성이 높다.

이는 실체인 기업에 대한 정확한 분석이 없는 상태에서 전문가 자신의 오랜 투자 습관을 그대로 투자자에게 제시한 것일 가능성이 높다. 어쩌면 기업에 대한 정확한 파악이 없는 상태에서 투자자들에게 조언을 해 준다는 한계 때문일 것이다.

매수 추천 가격: ○○○원 부근, 3개월 이내 도달 가능 가격: ○○○원,

1년 이후 도달 가능 가격: ○○○원, 매도 시점: 이익 실현 또는 비교 위

의 기업으로의 교체 매매

위의 내용처럼 종목 상담을 해 준 전문가의 조언을 들어 본 투자자는 아마도 없을 것이다. 위의 내용은 내가 고객에게 투자하고자 하는 종목의 매매 전략을 제시하는 방법이다. 그 이유에 대해서 간략하게 설명하고자 한다. 나는 투자가 유망하다고 생각되는 기업을 탐방하고 나서 투자 유망종목이라고 최종 판단이 되면 매력적인 매수 추천 가격대와 단기로 투자를 할지, 아니면 중장기로 투자를 할지를 먼저 정한다. 단기

로 투자를 할 종목은 3개월 이내 도달 가능한 가격을, 중장기로 투자할 종목은 1년 이후 도달 가능한 주가를 계산해 낸다. 도달 가능한 가격은 그 기업의 3개월 또는 1년 이후의 기업의 예상 실적에 근거해서 내가 계산해 낸 적정주가보다 20~30% 정도 싼 가격으로 정한다. 나는 위와 같은 꼬리표를 투자가 유망한 종목들에 달아 놓는다(종목 메모를 한다는 표현이 더 정확함).

극히 보수적으로 도달 가능한 가격대를 정하는 이유는 단기 투자의 경우 전체 주식시장의 영향으로 주가가 내가 생각하는 적정 주가 수준에 도달하지 못하는 경우가 허다했기 때문이며, 중장기 투자 종목의 경우 현재의 기업 영업 경쟁력이 기준이기 때문에 1년 이상의 투자 기간 동안 내가 예상하지 못한 나쁜 변수가 기업에 생길 가능성을 반영한 것이다. 도달 가능한 주가가 정해지면, 그리고 매수를 추천하는 그 가격대가 오거나 주가 하락이 멈추면 해당 종목의 매수와 매도를 통해서 이익을 실현한다. 매수 추천 가격 역시 내가 판단하기에 현재의 기업 실적에 근거해서 더는 빠지기 어렵다고 판단되는 주가 수준이다. 따라서 내가 매수 추천하는 주가는 현재 주가보다 많이 싼 경우가 대부분이며 이렇게 싸게 사야 예상하지 못한 주식시장 하락에도 주가 하락이 상대적으로 적기 때문이다.

그래도 나는 차트를 매일매일 공부한다

기술적 차트 분석이 주식투자에 도움이 되기는커녕 오히려 치명적인 손실을 입힌다는 사실을 익히 깨달았음에도 나는 관심 종목들의 주가 차트를 들여다보는 일에 매일매일 일정 시간을 할애하고 있다. 그런데, 나의 기술적 차트 분석이라는 것이 화려한 각종 지표를 이용한 분석이 아니라 최근 주가가 얼마나 올랐는지 또는 얼마나 많이 떨어졌는지를 확인하는 작업이다. 물론, 2018년도 초와 같이 주식시장이 크게 하락하는 장세에서 내가 매수해 드린 종목들 역시 추가로 하락을 하는 경우가 많다. 하지만, 2007년 글로벌 금융위기처럼 통제 불가능한 주식시장이 아니고 내가 분석한 예측이 틀리지 않는 이상 주가는 금방 내가 매수한 가격대 이상으로 회복하는 경우가 많았다. 단지 내가 매수를 원하는 가격대까지 하락을 했는지 또는 도달 가능한지 참고하는 일에 차트 분석을 이용하는 것이다. 나의 차트 분석에 기대를 많이 한 투자자가 있다면 미안하다. 정말로 이것밖에 없다.

실적대비 저평가종목이라고 오해하지 말자

내가 실적대비 저평가종목에 투자한다고 오해는 하지 말았으면 한다. 실적이 계속 좋아지는 회사들만이 나의 관심 대상이며, 그러한 회사들 중 전체 주식시장의 영향으로 또는 개별 수급의 문제로 일시적으로 매력적인 가격대에 진입을 한 회사를 골라내는 작업이지 단지 저평가 상태인 주식을 고르는 일이 절대 아니다. 실적호전주가 일시적으로 아주 싸진 상태가 바로 내가 가장 좋아하는 투자 시기인 것이다.

나도 재무제표를 본다

기술적 차트 분석에 대한 이야기를 했으니, 이제 내가 재무제표에서 중요하게 여기는 지표를 말씀드리겠다. 1990년대 기술적 차트 분석이 대세였으나, 곧 그 한계를 드러내면서 2000년대에 들어서서 재무제표를 분석하는 기본적 분석이 큰 인기를 얻었다. ROE, ROIC, EV/EBITA, PBR 등등 수많은 화려한 용어와 수익성, 안전성, 유동성이란 단어를 주식투자를 오래 한 사람들은 익히 들어 알고 있을 것이다. 그래서 그것들로 인해 주식투자에 많은 도움을 받았는지 거꾸로 여러분께 물어 보고 싶다. 재무제표는 이미 지난 기업의 성적표이지 미래의 기업 실적을 보장해 주지 않는다. 그리고 또 한 가지, 기업의 이익이 증가를 하면 시차를 두고 재무제표상의 모든 지표들은 개선이 된다. 한 가지만 예로 들어 보겠다. 회사의 경영 효율성을 나타내 주는 지표인 ROE(Return On Equity)는 우리말로 자기자본이익률이다. ROE를 계산하는 공식은 다음과 같다.

자기자본이익률(ROE) = 당기순이익/평균자기자본 × 100

ROE가 10%이면 10억 원의 자본을 투자했을 때 1억 원의 이익을 냈다는 뜻이고, 회사가 준비를 잘 해서 미래에 지금보다 돈을 더 잘 벌면 당연히 ROE는 증가하게 된다. 이렇듯 재무제표상의 모든 지표는 기업이 돈을 잘 벌면 모든 회사가 아주 우량한 재무제표를 가지게 된다. 이

것이 기본적 재무 분석의 한계가 아닐까 생각을 한다.

투자 유망 종목 발굴이 아닌 투자 제외 대상 기업을 고르는 작업

내가 재무제표에서 중요하게 여기는 것은 딱 두 가지이다. 그리고, 그것은 투자 유망 종목을 선정하는 데 사용하는 기준이 아니라 투자를 해서는 안 되는 종목을 골라내는 데에만 사용을 하고 있는 지표이다. 그 두 가지는 바로 이자보상배율과 유동성장기부채이다.

죽어라 열심히 일을 해서 돈을 벌었는데, 빚에 대한 원금은 고사하고 이자도 다 갚지 못했어요

먼저, 이자보상배율을 계산하는 식은 다음과 같다

당해년도 이자보상배율 = 당해년도 영업이익/이자비용

즉, 매년 벌어들이는 돈으로 어느 정도 빚에 대한 이자를 갚을 수 있는지를 나타내는 지표이다. 여기서 내가 중요하게 판단하는 부분은 이자보상배율이 상습적으로 1배 미만인 기업들이다. 이자보상배율이 1배 미만이라는 의미는 1년간 열심히 돈을 벌어도 원금은 고사하고 빚에 대한 이자도 다 갚지 못한다는 의미이다. 일회성 비용의 증가에 따른 영업이익 감소로 일시적으로 이자보상배율이 1배 미만인 기업은 큰 문제가 안 된다. 그러나, 그런 상태가 상습적으로 지속이 된다면 빚은 점점 더 늘어나고 기업은 감당할 능력이 점점 줄어드는 것이다. 이는 일개 기업의 문제가 아닌 그룹차원의 문제도 된다.

실제로 그룹 전체의 이자보상배율이 1배 미만인 그룹 중에서 이미 도산을 한 그룹이 있다. 동양, STX등이 그 대표적인 예이다. 따라서, 상습적으로 이자보상배율이 1배 미만인 기업은 나의 투자 대상 기업이 아니며, 그룹 전체의 이자보상배율이 1배 미만인 그룹에 속하는 기업조차 나의 투자 대상 종목이 아니다. 물론, 현재는 이자보상배율이 1배 미만이기는 하지만 급격한 턴어라운드가 되는 기업이라면 자세한 분석을 통해서 투자를 할 것이다. 그러나, 오랜 기업탐방 경험상 상습적으로 이자보상배율이 1배 미만인 상태가 지속되다가 극적으로 우량기업으로 변신한 기업을 접한 기억이 없다.

기업의 현재 재정상태를 알려주는 유동성장기부채

유동성장기부채란 용어가 낯선 투자자가 있을 것이다. 혹시, 들어 본 기억이 있는 투자자라도 무심코 그냥 흘려 보냈을 것이다. 일단 용어 자체가 너무 어렵다. 장기부채인데 유동성이 있다니 나도 처음에는 의아하게 생각했었다. 유동성장기부채란 원래는 만기가 1년 이상인 장기부채였는데, 만기가 1년 이내로 줄어들면서 이자 및 원금까지 단기간에 갚아야 할 부채가 된 것이다. 따라서, 유동성장기부채의 증가는 기업의 단기 자금 부담이 되는 차입금이다.

기업이 자금을 조달하는 방법 중 흔한 방법이 은행으로부터 자금을 빌리는 것이다. 이는 은행의 중요한 수입원인 것도 모두 잘 알고 있다. 은행의 입장에서는 낮은 이자를 주고 개인들로부터 예금을 받아서 기업에 고금리로 장기간 담보 대출을 해 줘야 남는 장사이다. 은행 입장에서는 어느 정도 돈을 떼일 위험성을 감수하고서도 기업에 대출을 해 주려고 애쓴다. 보통 은행이 기업에 대출을 해 주는 기간은 3~5년의 장기간이다. 그리고, 앞에서 말했듯이 은행은 기업의 재정상태가 아주 악화가 되지 않는 이상 대출금을 재연장해 주어 높은 이자를 계속 받고 싶어 한다. 그런데, 은행의 대출 심사에서 도저히 기업의 재정상태가 좋지 못해서 위험하다고 판단을 내리면 3~5년 만기 대출금을 재연장해 주지 않고 대출금을 회수해 갈 것이다.

나는 관심을 가지고 지켜보는 주식의 재무제표에 유동성장기부채가 생기면 주식IR담당자에게 반드시 전화를 해서 유동성장기부채의 구체적인 상환계획을 질문한다. 이는 아주 중요한 사항으로 꼭 체크를 해야 한다. 급한 불을 꺼야 하는 상황에서 구체적인 상환계획을 가지고 있는지 아닌지는 현재의 기업 재무상태를 알려주는 것이기 때문이다.

마지막으로 일반투자자들의 이해를 돕기 위해서 기술적차트 분석, 기본적 재무제표분석, 기업탐방을 아래와 같이 비교 분석해 보았다. 내가 생각하는 기업분석의 3대 핵심요소와 각각의 장단점을 보기 쉽게 도표로 만들었다.

	차트 분석	재무제표분석	기업탐방분석
회사 제품의 경쟁력	절대 알 수 없음	현재까지의 경쟁력은 ROE 등의 지표 분석을 통해서 가능하나 미래에도 그 경쟁력을 계속 유지 할 수 있는지는 알 수 없음	기업탐방 후 최종 소비자의 의견을 종합해서 예측 가능
CEO의 기업 경영 성향	절대 알 수 없음	재무제표 분석을 통해서 유추 가능. 이를테면 매출액대비 R&D 투자 비중이 높다면, 기업의 현실에 안주하기보다는 미래 지향적인 성향의 CEO임	주식IR담당자와의 미팅에서 CEO의 출신과 성향에 대한 질문으로 파악 가능. 혹은 CEO와의 미팅으로 가능
기업 리스크 파악	절대 알 수 없음	이자보상배율 등으로 재무적리스크는 파악 가능	재무적리스크, CEO리스크, 연구인력 관리 리스크, 제품 경쟁력 리스크, 생산성 리스크 등 거의 모든 기업 리스크 파악 가능
장점	강세장에서 유용	기업의 재무적 현황 파악에 유용	기업의 정확한 실체 파악 가능
단점	열거하기에 너무 많음	기업의 현재까지의 성적표만 잘 보여주며 미래 성적을 보장해 주지 못한다.	체크해야 할 항목이 많아 번거롭고 시간이 많이 소요된다.

확신이 없으면 그냥 찜질방에서 쉬자

처음부터 불리한 게임 - 주식투자

〈가정 1〉

투자 원금	10% 이익 실현	10% 손실 발생	10% 이익 실현	10% 손실 발생
1억 원	1억1,000만 원	9,900백만 원	1억890만 원	9,801만 원

주식투자는 처음부터 불리한 게임이다. 만일 어느 투자자가 1억 원의 원금을 가지고 주식투자를 하여 10%의 수익을 내고 10%의 손실을 냈다면, 단순하게 생각해서 본전이어야 한다. 그러나, 위의 표에서 볼 수 있듯이 매매 수수료와 거래세 등 비용을 감안하지 않더라도 투자 원금이 1억 원이 되지 않는다. 이는 거꾸로 10%의 손실을 먼저 내고 10%의 수익을 내더라도 마찬가지이다. 수익과 손실을 반복해서 2회만 하여도 투자 손실은 대략 2%이다.

주식투자를 처음 시작하는 투자자의 거의 대부분은 증권 관련 서적을 몇 권 구입해서 정독을 한다. 그리고, 어느 정도의 어설픈 자신감이 생기면 증권회사를 방문하고 계좌 개설을 하고 주식을 매수하는 날은 바로 증권계좌에 입금하는 날이다. 증권계좌에 입금을 하고 한 달 이상 주식시장을 관망하기만 한 투자자를 나는 지금까지 한번도 고객으로 만난 적이 없다. 이는 바로 대부분의 투자자들이 현금과 주식을 구별해서 현금보유는 주식투자가 아니고 주식을 보유해야 투자라고 생각하기 때문이다. 2018년도 초와 같은 급락장세에서는 수익보다는 손실을 입을 가능성이 당연히 훨씬 크다. 이럴 때는 현금에 투자하는 것이 최선의 투자 방법인데, 대부분의 일반투자자들은 그 사실을 깨닫지 못한다.

변동성이 큰 시기는 무조건 피하자

일반투자자들이 잘못 알고 있는 것 중 하나가 바로 최근과 같이 '시장의 변동성이 커져야 소위 말해서 먹을 것이 많이 생긴다'라고 착각하는 것이다.

〈가정 2〉

투자 원금	20% 이익 실현	20% 손실 발생	20% 이익 실현	20% 손실 발생
1억 원	1억2,000만 원	9,600백만 원	1억1,520만 원	9,216만 원

만일, 수익과 손실을 반복하는 크기가 10%가 아닌 20%라면 투자 금액은 위의 표에서 볼 수 있듯이 원금에서 더 멀어진다. 2회씩만 수익과 손실을 20% 반복한다면 투자 손실은 거의 8%가 된다. 이는 10% 손실과 수익을 반복할 때보다 무려 4배 많은 손실이 발생하는 것이다. 그리고, 수익과 손실이 반복되는 횟수가 많아질 수록 손실규모는 점점 더 훨씬 커진다.

혹자는 주식투자는 손실이 날 때도 있고 수익이 나는 경우도 있기 때문에 돈을 벌 때 더 많이 벌고 손실이 날 때 상대적으로 적게 손실이 나면 전체적으로는 주식투자로 수익을 낼 수 있다고 생각할 것이다. 과연 그럴까? 다음의 표를 한번 보자

〈가정 3〉

투자 원금	40% 이익 실현	30% 손실 발생	40% 이익 실현	30% 손실 발생
1억 원	1억4,000만 원	9,800백만 원	1억3,720만 원	9,604만 원

위의 표에서 살펴 보면 투자자는 분명 4번의 매매로 수익을 낼 때는 많이, 손실을 입을 때는 상대적으로 적게 입었으나 전체 투자 손실은 대략 4%이다. 내가 하고 싶은 이야기는 변동성이 커진다면 소위 말하는 선수가 아닌 이상 대부분의 일반투자자들은 투자 손실을 입기 쉽다는 것이다.

진입장벽이 높은 회사라는 말을 믿지 말자

2006년도로 기억을 한다. 한창 주식시장에서의 관심의 대상 업종은 바로 LED 업종이었다. 기존의 조명과는 다르게 반영구적이고 전기료도 적게 드는 LED 조명과 관련된 주식들은 크게 오르던 시기였다. 당시 나는 상장한 지 며칠 되지 않은 새내기 회사를 방문하였다. 그 이유는 바로 LED 관련 조명 모듈을 만드는 회사였기 때문이다. 새내기 주식들 중 내가 판단하는 본래의 적정주가에서 수급상의 문제로 일시적으로 주가가 크게 벗어나 있는 주식이 항상 있었기 때문에 좋은 매수 기회인지 파악하기 위해서였다. 회사의 주식IR담당자는 기업탐방을 받은 경험이 적어서인지 회사에 대해서 아주 친절히 설명을 해 주었다. 나는 그 회사의 제품이 어디에 사용되고 있는지, 주 고객은 어디인지 등등 질문을 하였다. 크게 인상적인 기업이 아니라는 판단으로 그 이후 회사를 방문하지 않았고 자연히 회사의 주가도 관심의 대상이 아니었다.

2년 정도 지난 뒤 우연한 기회에 그 회사의 주가를 보고 나는 놀라지 않을 수 없었다. 2년 사이에 주가는 기업탐방을 갔을 시기보다 무려 1/5 수준으로 감소했기 때문이었다. 곧바로 나는 회사의 실적을 찾아보았고 상장 이후 2년 동안 회사의 매출과 이익은 크게 줄어들어 있었다. 즉시 회사의 주식IR담당자에게 전화를 하였고, 마침 주식IR담당자는 기업탐방을 갔을 때와 같은 분이셨다. 당연히 회사의 실적과 주가가 크게 하락한 이유를 물었고, 몇 번이고 망설이던 주식IR담당자는 다음과 같은 이야기를 들려 주었다.

자신들이 새롭게 준비한 신제품을 기존에 거래하던 고객이었던 대기업 계열 전자부품회사에 매입을 할지 여부의 검토 의뢰를 하였고, 대략 일주일 후 돌아온 답변은 납품을 받겠다는 내용이 아니라 신규 상장 회사가 보내준 신제품 샘플을 자기 회사의 연구원들이 뜯어서 분석해서 똑같이 만들었으니 납품이 필요 없다는 통보였다고 한다. LED 산업 초기에 남들보다 먼저 뛰어들어서 돈을 벌 수 있었고, 이를 바탕으로 회사는 코스닥시장에 상장을 하였던 것이다. 그러나, 이미 코스닥시장 상장 즈음에 LED 산업에 뛰어든 기업들은 아주 많아졌고, LED 조명 제조 기술은 그저 평범한 기술로 전락하였던 것이다.

2004년 무렵 신규 상장하였던 인터플렉스는 그 당시 국내 유일의 FPCB 제조 회사였다. S사는 당시 가로본능이라는 광고로 유명한 폴더폰을 생산 중이었고, 폴더폰 생산에 핵심 소재인 FPCB를 인터플렉스로부터 납품 받기 위해서 S사 직원이 트럭을 가지고 인터플렉스 공장에서 대기하면서 FPCB가 생산이 되면 즉시 물량을 가져다가 폴더폰을 만들었다고 한다. 10년 이상 기업탐방을 하면서 깨닫게 된 것 중 하나가 바로 '돈 되는 시장에는 반드시 대한민국 국민이 있다'라는 사실이었다. 당시로는 혁신적인 FPCB 생산을 곧 여러 회사가 기술을 확보하게 되었고, FPCB 산업은 얼마 지나지 않아서 업종 내 회사들간 치열한 생존 경쟁을 벌이는 상황으로 변해 버렸다. 지금처럼 IT의 발달로 정보 공유가 쉬운 시기에 남들이 따라올 수 없는 독보적인 기술이란 거의 존재하지 않는다고 봐도 크게 틀리지 않다는 사실을 꼭 기억하자.

내가 아는 진입장벽이 높은 유일한 업종은 반도체업종이다

지금과는 다르게 불과 7~8년 전만 하더라도 SK하이닉스(당시에는 하이닉스였다)는 대만, 일본의 반도체 회사들과 치열한 치킨게임을 했었다. 그 당시에도 삼성전자는 기술력이 타 반도체 회사들을 압도하고 있어서 다른 반도체 회사 모두가 대규모 적자에 허덕일 때에도 혼자서 큰 돈을 벌고 있었다. 아무튼 하이닉스뿐만이 아니라 대만과 일본의 반도체 회사들은 정부의 보조금을 받으며 거의 목숨만 유지하는 수준이었다. 그렇게 대규모 적자에 허덕이면서 대만과 일본의 반도체 회사들이 발을 빼지 않은 이유는 바로 한번 반도체 산업에서 발을 빼면 다시는 반도체 산업에 진입할 수 없다는 사실을 너무도 잘 알고 있었기 때문이었다. 반도체 산업은 막대한 자금을 투자해서 대량으로 반도체를 생산해서 막대한 수익을 내고, 많이 번 돈으로 다시 막대한 투자로 미세화 공정을 통해서 다시 큰 돈을 버는 일이 반복되는 산업이다. 따라서, 한번 발을 뺐다가 나중에 다시 진입을 하려면 기존의 반도체 회사들보다 훨씬 더 많이 투자를 해야 하며 투자를 한다고 해서 기존 반도체 업체와의 기술 격차를 극복한다는 보장도 없는 산업이다.

최근 중국 기업들이 반도체 생산 설비 투자에 많은 자금을 쏟아 붓고 있다. 중국 기업들이 과연 반도체 업종에 순조롭게 진입을 할지 여부가 점점 더 시장의 관심의 대상이 되고 있다. 그에 대한 견해는 이 책과 관련이 없기 때문에 자세한 설명은 피하고 간단히 말씀드리면, 삼성전자나 SK하이닉스와의 기술격차는 당연히 극복하기 어렵기 때문에

Hi-end 고급제품에 중국 반도체는 당분간 사용이 불가능할 것이다. 다만, 저가 범용제품에 그것도 중국 제품에만 우선적으로 중국산 반도체가 적용될 것 같다. 따라서, 중국이 반도체를 생산하더라도 삼성전자나 SK하이닉스에 미치는 영향은 초기에는 우려할 만한 수준이 아닐 것으로 예상하고 있다.

END USER(최종소비자)의 평가만 믿자

일반투자자들은 증권사 애널리스트는 기업을 분석해서 리포트를 내는 일만 할 것이라고 생각할 것이다. 증권사 애널리스트 일과의 절반은 기업 분석 및 리포트 작성이 맞다. 하지만, 나머지 절반은 본사 법인영업(자산운용사등 국내 기관투자자들 대상 영업)이나 국제영업을 도와주는 일에 시간을 보내고 있다. 수시로 국내외 기관투자자들과 미팅을 하면서 기관투자자들의 질문에 답변을 하거나 자신이 커버하는 종목에 대한 현황을 설명해 주는 일에 많은 시간을 보내고 있다. 그래서, 가끔 궁금한 사항이 있어서 본사 리서치센터에 전화를 해도 애널리스트와 전화 통화를 하는 일이 결코 쉽지가 않다. 애널리스트들이 하는 중요한 업무 중 하나가 더 있다. 국내외 기관투자자들이 원하면 기업탐방에 동행을 해서 기업IR담당자와의 미팅 때 도움을 주는 일이다. 이렇게 기업 분석과는 다른 일을 해야 하는 이유는 애널리스트 평가에 있어서 국내외 기관투자자들과 애널리스트의 도움을 받는 소속 증권회사 법인영업부나 국제영업부 영업 직원의 평가 비중이 아주 크기 때문이다.

2006년 무렵 회사의 후배 영업직원이 당시 조선업종 애널리스트가 국내 기관투자자들 여러 명을 데리고 버스로 울산에 있는 조선회사를 탐방하는 이벤트에 따라가겠다고 해서 허락해 준 적이 있었다. 다음 날 후배 영업직원에게 조선회사 기업탐방에 대해서 물었다. 후배 영업직원은 아침 일찍 여의도에서 출발하여 점심 때 울산에 도착해서 점심식사 후 바로 기업IR담당자와 미팅을 한 후 조선소 현장까지 방문 견학을 하고 밤 늦게 서울로 돌아왔다고 이야기했다. 조선소 현장 견학을 해보니 어떠냐고 다시 물었고, 후배 직원은 기관투자자들 모두 만족해하고 자신이 보기에도 아주 좋았다고 답변을 했다. 여러분은 해당 기업을 분석하는 데 조선소 현장 견학이 과연 도움이 된다고 생각하는가?

일반투자자이든 증권 전문가이든 제품 경쟁력을 모르기는 매한가지

일반투자자들이 잘못 알고 있는 사실 중 하나가 바로 증권업 종사자들은 특정 기술이나 특정 회사 제품에 대해서 전문가 수준으로 잘 알고 있을 거라고 생각하는 것이다. 물론, 증권업 종사자들이 얻는 정보의 양이 훨씬 많기 때문에 일반투자자들보다는 기술이나 제품에 대해서 더 정확하고 깊이 있게 알고 있는 것은 맞다. 그러나, 그 지식이나 정보의 차이가 주식투자의 결과에 결정적인 차이를 만들어 낼 정도는 결코 아니다.

최종 소비자만이 알고 있다

그렇다면, 특정 기술이나 회사의 제품이 어떤 경쟁력을 가졌는지 가장 잘 아는 사람은 누구일까? 바로 해당 제품의 최종 소비자(end user)가 가장 잘 알고 있다. 이것은 조금만 생각해 보면 누구나 수긍이 되는 간단한 것이다. 그러나, 나는 증권업에 종사하면서 일반투자자는 물론이고 증권 전문가들조차 최종 소비자를 만나서 투자하고자 하는 회사의 제품 경쟁력을 확인하는 작업을 하는 사람을 만나 본 적이 한번도 없었다. 오래 전에 읽은 증권서적 중에서 생활 주변에서 얻은 자신의 경험을 토대로 주식에 투자해서 큰 수익을 낸 사례를 쓴 서적을 읽은 적이 있다. 조금만 신경을 쓰면 일상 생활을 하다가 접하게 되는 좋은 제품이나 경험을 그냥 흘려 보내지 말고, 그 제품이나 서비스를 제공하는 회사를 찾아서 투자를 하라는 주장이다. 백 번이고 맞는 말이다. 그러나, 일상생활 주변에서 손쉽게 그러한 투자 정보를 남들보다 먼저 접하기는 힘들다. 이는 우리가 최종 소비자가 되어 탁월한 경쟁력을 지닌 제품을 남들보다 먼저 접하게 되는 경우가 많지 않기 때문이다.

아주 오래 전에 특수 합금을 생산하는 회사를 탐방한 경험이 있었고, 그 회사는 국내에서 유일하게 특수 합금을 생산하는 기술력을 가지고 있다고 오래 전부터 말해 왔다. 주식시장에서도 당연히 특수 합금을 만드는 국내 유일의 회사로 알려져 있었다. 나도 국내 유일의 특수 합금 생산회사라는 주장을 의심하지 않았고, 단지 해외 생산회사와 경쟁력이 어느 수준인지 파악을 하기 위해서 소비자인 회사에 전화를 해서 구매 담당자와 통화를 할 수 있었다. 그런데, 나는 정말 놀라운 이야기를 들었다. 국내에는 없는 줄 알았던 특수 합금 생산을 비상장사가 더 많이 생산을 하고 있다는 이야기를 들었던 것이다. 나는 그러면 특수 합금 생산 진입 장벽이 높은지 물어 보았고, 구매 담당자는 '글쎄요, 공장을 짓고 가동하는 데 비용이 많이 들겠지만 충분히 자금이 있다면 어렵지 않게 특수 합금을 생산할 수 있습니다'라고 답변을 해 주었다. 물론, 10년도 훨씬 지난 이야기이고 지금은 그 정도로 기업에 대해 주식시장에서 잘못 알려진 것은 없을 것이라고 믿는다.

　나는 기업탐방을 하고 투자 유망 종목으로 판단되는 기업은 반드시 그 회사 제품에 대한 최종 소비자의 판단을 얻기 위해서 최종 소비자가 누구인지 파악하고 만나거나 전화 통화를 하는 작업을 하려고 노력한다. 나는 제품 판매대리점을 방문한 적도 있었고, 최종 소비자가 일반인이 아닌 기업인 경우 최종 소비자 기업을 방문하거나 구매 담당자에게 직접 전화를 해서 사용하고 있는 제품이 타 제품과 비교해서 경쟁 우위에 있는지 아닌지 여부를 확인하고 있다. 물론, 최종 소비자의 평가를 확인하는 일을 성공하지 못하는 경우가 더 많다. 이를테면, 삼성전자에 휴대폰 부품을 납품하는 중소 회사의 제품에 대한 경쟁력 여부는 최종 소비자인 삼성전자만이 정확하게 알고 있다. 실제로 나는 하이닉스 회사에 전화를 해서 구매 담당자와 전화 통화를 해서 납품회사의 제품이 어떤지 확인하는 작업을 한 적이 있었다. 당연히, 하이닉스 구매 담당자는 기밀 사항이라고 답변을 해 주지 않았다. 제품의 경쟁력은 최종 소비자만이 정확하게 알고 있다는 사실과 최종 소비자를 만나서 의견을 듣는 일이 주식투자 성패를 결정하는 가장 중요한 작업 중 하나라는 사실을 꼭 기억해 두자.

직관력을 키워야 살아남는다

'Insight'라는 영어단어는 '안쪽' 또는 '안으로'라는 의미인 'IN'과 '보다'라는 'SIGHT(SEE)'가 합쳐져서 만들어진 단어이다. 말 그대로 안을 들여다 본다는 뜻이고 직관으로 그 뜻을 해석할 수 있다. 사물의 겉모습만 봐서는 그 사물을 정확하게 파악할 수 없으며, 그 속내를 들여다봐야 정확하게 알 수 있다는 뜻이다. 내가 생각하기에 수많은 기업탐방을 하면서 얻은 가장 큰 소득은 직관력이다. 앞에서 언급한 최종 소비자의 판단이 중요하다는 사실도 기업탐방을 하는 도중 발생한 수많은 시행착오를 겪으면서 깨닫게 된 사실이다.

가끔씩, 성공적인 주식투자를 위해서 열심히 공부를 하라고 이야기하는 전문가의 말을 들을 수 있다. 과연 그럴까? 절반은 맞는 말이다. 전혀 주식 공부를 하지 않고서는 그냥 제비뽑기 식으로 투자를 해야 하니 일단 열심히 공부를 해야 한다. 그런데, 열심히 공부하는 것으로 따지면 대한민국 국민을 따라 올 나라는 아마도 지구상에 없을 것이다. 막말로 열심히 공부해서 주식투자에 성공을 한다면, 대한민국 국민 모두 부자일 것이다. 주식투자에서 공부보다 중요한 것이 바로 직관력이 아닐까 생각한다.

대한민국 전체가 열심히 수박 겉만 핥았던 사례

키코(KIKO: Knock-In, Knock-Out)라는 단어가 생소한 투자자가

있을 것이다. 그러나, 투자 경험이 오래된 사람들과 증권업 종사자라면 2009년 이후 사회적 이슈였던 키코를 잘 기억하고 있다. 글로벌금융위기로 큰 어려움을 겪고 있었던 국가 경제상황에서 키코라는 외환 관련 파생상품에 가입했던 기업들은 모두 큰 손실을 입고 기업의 존립을 위협받았거나 심지어 도산한 경우도 많았다. 키코라는 상품에 대한 자세한 설명은 생략하기로 한다. 인터넷만 검색을 해 보면 누구나 쉽게 키코라는 상품에 대한 설명을 접할 수 있다.

- 키코 상품의 문제점은

△상품의 구조가 매수자가 얻을 수 있은 이익이 매도자에 비해 지나치게 불리하게 설계돼 있다. 만일, 미래 환율이 대칭적(효율적 시장에서)으로 변동될 것으로 예상한다면, 키코 매수자의 미래 예상 평균 손실은 거래시 발생되는 수수료 정도다 되어야 한다. 또한 환율이 일정구간보다 하락할 경우에는 Knock-out이 되게 해 계약이 종료되게 하고 일정한 환율 이상의 상승구간에서는 기업이 이론상 무한정 손실을 보게 한 것은 매우 불공정한 거래라고 볼 수 밖에 없다.

이와 함께 만기가 길기 때문에 유동성 리스크가 매우 크다는 점도 문제다. 증권시장의 지수옵션(1일 결제, 1개월 만기)과는 달리 만기가(1년~3년 만기) 길기 때문에 중도에 해지하기가 어렵도록 되어 있다. 이러한 경우 옵션 매도자에게 증가된 기간 리스크에 대한 프리미엄을 높게 지불해야 함에도 불구하고 낮은 프리미엄을 제시하여 옵션 매도자(기업)에게 매우 불리한 손익구조를 갖고 있다. - 키코 사태의 발생 원인은

△크게 보면 미국 서브프라임 사태로 인한 국제적 금융 불안이 원인이다. 하지만 금융감독당국의 감독 미흡, 은행들의 부도덕한 행위, 기업들의 상품 이해 부족 및 리스크 관리 부족 등도 원인으로 꼽을 수 있다.

일반적으로 은행이 신상품을 출시할 경우에는 금융감독원으로부터 약관심사를 받게 되어 있다. 은행들이 신상품을 출시할 경우, 약관 심사를 통하여 문제점을 미리 스크린해야하는 역할을 다해야 함에도 불구하고 리스크가 매우 높은 키코상품을 심사 통과 시킨 금융감독당국은 감독의무를 다했다고 볼 수 없다.

투기성이 짙은 상품을 판매한 은행도 책임을 피할 수 없다. 은행이 판매자로서 책임을 다 하지 못한 부분이 있다.

기업의 경우 기업들이 상품에 대한 리스크를 충분히 인지하거나 설명을 듣지 못하고 가입한 경우가 많다고 한다. 만일 기업들이 본 상품에 대하여 전문적인 지식을 갖고 있거나, 은행으로부터 본 상품의 리스크에 대하여 충분히 설명을 들었다면 가입하는데 보다 신중을 기했을 것이고 지금과 같은 큰 손실을 줄일 수 있었을 것이다.

기업이 환리스크 헤지를 하기 위해서는 키코보다는 기업에서 미래의 시점과 물량을 은행에 사전에 매도 계약 체결(선물환 계약)하거나 수출보험공사에서 도입한 환헤지 프로그램을 이용하는 것이 초기의 비용이 높더라도 필요한 헤지를 위해서 보다 효과적이었을 것이다.

위의 화면은 당시 키코에 대해서 날 선 비판을 한 전문가의 키코에 대한 분석의 글이다. 당시 수많은 전문가들은 키코라는 상품 자체에만 초점을 맞추고 계약 가입자에게 절대 불리한 상품이었다고 저마다 목소리를 높였다. 당시 대학 교수까지 키코를 성토하는 강의를 들었던 적도

있었다. 그 이후 키코라는 상품에 대한 이해 부족으로 대한민국이 외국에 당했다는 자아반성이 이어졌고 그 결과 파생상품을 팔기 위해서는 일정 수준 이상의 지식을 갖춘 사람에게만 한정해야 되겠다는 정부 금융 당국의 판단으로 증권회사 직원들은 자격증을 따내야 ELS, DLB등의 파생상품을 고객에게 투자 권유할 수 있게 되었다.

자격증 제도가 만들어지고 나서야 정부 금융 당국은 안심을 하였고, 지금도 파생상품 판매를 제대로 하고 있는지 금융당국은 수시로 증권회사를 감시·감독하고 있다. 물론, 금융 소비자를 보호하기 위해서 판매회사에 대한 관리감독을 강화하는 일은 아주 바람직한 일이다. 그런데 그 당시 정부 금융 당국자를 비롯해서 많은 금융 전문가들이 파생상품인 키코를 정확하게 분석해서 다시는 그런 일이 발생하지 않도록 안전한 조치를 취하였다고 여러분은 생각하고 있는가? 내가 기업탐방을 통해서 겪은 여러 경험을 토대로 내린 결론은 그저 대한민국 전체가 수박 겉만 열심히 핥았다는 것이다. 너무 화가 나서 표현이 좀 과격했다. 내가 화가 많이 난 이유를 자세히 설명하겠다.

모든 결과에는 원인이 있다. 당시 대한민국 국민들 모두에게 생소하였던 키코라는 파생상품 역시 생겨난 이유가 있었다. 모든 일은 원인을 파악해야 문제점을 제대로 찾을 수 있고 해결책도 얻을 수 있는 것이다. 그러나, 대한민국은 키코라는 상품 겉모습에만 집착을 하였고, 중요한 생성 원인은 파악하지 못했다. 결론부터 말해서 키코를 만든 사람들은 바로 대한민국 채권에 대규모로 투자를 하였던 외국인들이었다. 물론 물증은 없고 심증만 있다. 왜 내가 그렇게 결론을 내렸는지 이제 설명해 보겠다.

현재 외국인들이 대한민국 국채나 회사채 등 원화채권에 투자하고 있는 규모는 대략 99조 원이다. 그리고, 외국인이 투자한 원화 채권 투자금액은 전부 환 헤지를 하지 않은 달러자금이다. 외국인들은 현재 많은 투자금액이 원달러 환 위험에 노출되어 있다. 이론적으로 환헤지 비용은 두 나라 사이의 금리 차이만큼 발생한다. 그렇기에 외국인이 한국 채권에 투자를 하면서 환 헤지를 한다면 투자 자체의 의미가 사라진다. 이 역시 논점이 아닌 관계로 자세한 설명은 하지 않겠다. 인터넷을 검색하면 정보를 얻을 수 있다. 문제는 여기서부터 출발을 한다. 대규모로 환 헤지를 하지 않은 외국인 채권 투자자들은 글로벌 금융위기의 발생으로 원화가치가 달러화에 대해서 크게 하락할 조짐이 보이자 대한민국 채권투자로부터 원래의 투자자금인 달러를 안전하게 손실을 입지 않고 빼내갈 방법을 고민하게 되었다.

달러자금을 회수하는 방법은 일반적으로 간단하다. 보유 원화 채권을 매도하고 매도 자금을 외환시장에서 달러로 환전하면 된다. 하지만, 대규모로 채권을 매도하고 그 자금을 거래규모가 작은 한국 외환시장에서의 원화 매도, 달러 대거 매수하는 거래는 원화 투매로 이어질 것이 뻔하기 때문에 외국인 원화 채권 투자자들이 선택할 수 있는 방법이 아니었다. 다른 안전한 방법이 필요했던 것이다. 원화 채권 투자 외국인들이 고민을 거듭한 끝에 만들어 낸 것이 바로 원화가치가 폭락할 경우 이익을 볼 수 있는 파생상품인 키코였던 것이다. 그들은 원화 투자자금의 안전한 헤지 상품인 키코를 만들어서 국내 은행을 통해서 팔았고, 판매 수수료가 좋았던 키코는 은행 주력 판매 상품으로 둔갑을 했던 것이다.

글로벌 금융위기가 터지고 원화 가치의 폭락으로 키코에 가입을 해서 큰 피해를 입은 중소기업 자금 담당자가 주거래은행 담당자의 무언의 압박으로 어쩔 수 없이 키코에 가입했다고 하소연하는 뉴스를 접한 투자자들이 많이 있을 것이다. 그렇게 키코는 생겨났으며 우리 대한민국은 키코가 생겨난 원인은 정확하게 파악하지 못한 채 키코 계약 내용에만 집착하고 문제를 해결하고자 했었다. 금융당국자와 전문가들은 키코를 정확하게 이해하였기 때문에 다시는 키코와 같은 실수를 하지 않을 것이라고 자신하고 있을 것이다. 과연 그럴까?

반복되는 수박 겉핥기

키코라는 파생상품은 그 이전에도 있었고, 대한민국은 마찬가지로 당한 경험이 있었다고 주장한다면 크게 놀랄 투자자들이 많을 것이다. 그러나, 이름만 다를 뿐이지 과거 대한민국은 키코와 같은 파생상품에 똑같이 당했었다.

글로벌 금융위기 발생 10여 년 전인 1997년 대한민국은 IMF 사태로 역사상 초유의 사태를 맞았고, 대한민국이 금융위기를 맞이하기 바로 직전 태국이 먼저 금융위기를 맞았었다. 무분별하게 해외 기업들의 태국 내 투자를 유치하였던 부작용으로 외국인투자자금이 일시에 대거 태국을 떠나자 태국은 금융위기를 맞았던 것이다. 그런데, 여기서 웃기면서도 슬픈 상황이 발생했었다. 분명 금융위기를 겪은 건 태국이었는데 그 피해는 엉뚱하게 대한민국 기업이 입었다. 태국 바트화에 투자를 한 외국인들은 아시아에서 금융위기가 발생할 조짐이 보이자 태국 바트화가 폭락하는 상황에 대비해서 태국 바트화에 연동된 파생상품(태국 바트화 가치가 폭락을 하면 가입자가 판매자에게 손실을 보전해 주는 키코와 같은 계약조건이었음)을 만들어서 국내에 들여와서 판매하였고, 당시 SK증권은 태국 바트화에 연동된 파생상품에 투자를 했다가 상품 판매자에게 큰 돈을 물어 주었다.

내가 주장하고 싶은 것은 직관력이 없으면 반복해서 실수를 할 가능성이 높다는 사실이다. 키코나 바트화 연동 파생상품에 대한 직관력이 없다면 외국인들이 또다시 비슷한 상품을 만들어서 국내에서 판매했을 때 다시 당할 것은 자명해 보인다. 환 위험에 노출된 상품에 투자를 하고 있는 외국인들이 계속 있는 한 원화가 달러화에 대해서 급격하게 약세로 전환될 가능성이 보이면 외국인들은 언제든지 또 다른 얼굴의 키코를 만들려고 할 것이기 때문이다. 모든 거래는 파는 것이 이득이라고 보는 사람과 사는 것이 이득이라고 보는 사람이 있어야 가능하다. 우리가 아무리 철저히 준비하고 파생상품의 위험성을 알고 있다 하더라도 키코와 같은 상품이 만들어져서 일단 국내에 들여와서 판매가 된다면 분명 그 파생상품을 매수하는 투자자는 반드시 생겨나게 되어 있다.

삼성전자가 매일매일 주식시장에서 거래되는 이유는 지금 삼성전자를 매도하는 것이 유리하다고 판단하는 사람과 반대로 매수하는 것이 유리하다고 판단하는 사람이 있기에 가능한 것과 같은 이치다. 따라서,

키코나 바트화 관련 통화 파생상품과 같은 위험한 상품으로부터 국내 기업이나 일반인들의 피해를 막기 위해서는 그런 위험한 상품이 국내에 들어와서 판매되는 행위 자체를 원천적으로 차단해야 가능하다. 이는 온전히 금융 정부 당국이 해야 할 일이다. 나는 수많은 기업탐방을 통해서 나름대로의 직관력을 키웠다고 자부하고 그 경험을 일반투자자들과 나누고자 하는 것이다.

항상 'WHY?'를 생각하자

내가 나름대로 직관력을 가지고 있다고 자부하는 이유는 바로 기업탐방을 하거나 주식IR담당자와 전화 통화를 할 때 항상 'WHY'라는 단어를 명심하기 때문이다. 왜, 이 회사는 올해 실적 전망을 이렇게 하는 걸까? 왜, 시장 전망보다 못한 실적이 나오는 걸까? 나는 항상 'WHY?'를 기억하였고, 이것이 직관력을 기른 원동력이라고 생각한다.

실체는 기업이고 주가는 그림자이다

본격적으로 기업탐방을 하기 시작한 초기인 2006년 무렵으로 기억을 한다. 여의도에서 근무를 하던 당시 나는 점심약속이 있어서 구로 근처의 한 식당에 갔던 기억이 있다. 점심식사 후 다시 사무실로 들어가기 위해서 길을 재촉하다가 코스닥 상장기업 정문을 지나치게 되었다. 본업인 부품제조업의 매출이 급감하는 어려운 상황에서 그 기업은 몇 달 전 신약을 개발하는 바이오벤처 기업을 인수 합병하여 하나의 회사가 되었고, 조만간 식약청에 신약 개발을 위한 임상 1상 신청을 한다는 뉴스로 주식시장의 큰 관심의 대상이었으며 주가도 이전보다 아주 많이 상승하고 있는 기업이었다.

나는 잘됐다 싶은 마음에 그 기업의 신약 개발 상황을 파악하기 위해서 그 회사에 들어섰다. 원래는 부품을 만드는 제조회사였기에 정문에 경비실이 있었고, 나는 경비원 아저씨께 증권회사에 다니는데 바이오회사 합병 등 기업 현황이 궁금해서 주식IR담당자를 만나기 위해서 약속은 되어 있지 않지만 이렇게 방문을 드리게 되었다고 말씀드렸다. 마음씨 좋으신 경비원 아저씨는 주식IR담당자가 근무하는 건물 층수까지 친절히 안내해 주셨다. 정문을 지나서 주식IR담당자가 근무하는 건물로 향하면서 회사의 공터에서 여러 사람들이 족구를 하고 있었고 주변에는 족구 경기를 보면서 즐거워하는 직원들의 모습을 볼 수 있었다.

주식IR담당자가 근무하는 건물의 층에 들어서자 점심시간이 이미 지난 시간임에도 사무실은 텅텅 비어 있었고, 여직원 한 명이 자리에 앉아서 인터넷 검색만 하고 있었다. 나는 그 여직원한테 최근 인수한 바이오벤처 기업 출신 연구원들은 어디서 근무하고 있는지 물어 보았다. 그 여직원은 "건물 들어오면서 못 보셨어요? 지금 족구하고 있어요." 이렇게 대답을 하는 것이었다. 나는 불안한 느낌에 혹시 최근 뉴스화 된 신약 개발을 위한 식약청 임상 1상 신청 건에 대해서 답변해 줄 사람이 있냐고 다시 물어 보았다. 그랬더니 그 여직원은 "아 그거요? 직원들 이야기가 그거 별거 아니고 식약청 허가도 어려울 거라고 하던데요."라고 답변을 해 주었다.

나는 잘 알겠다고 말을 하고 그 길로 바로 그 회사를 나와서 곧장 여의도 사무실로 복귀하였다. 물론, 대부분의 신약 개발 바이오 회사들은 아주 열심히 신약 개발을 하고 있다. 그러나, 적지 않은 기업들이 신약 개발 근처까지 가지도 못하고 사라진 사례들이 있다. 그 회사 역시 지금은 상장폐지가 된 상태이다.

나는 기업탐방을 진행하면서 이러한 황당한 상황을 여러 번 경험했었고, 일반투자자들에게 매일매일 움직이는 그림자인 주가에 현혹되지 말고 실체인 기업의 본질을 정확하게 파악하라고 말하고 싶을 뿐이다. 그리고, 그 방법은 기업탐방을 통해서만 가능하다고 생각한다.

제3부

탐방기업 선정하기

여기에서 소개해 드리는 탐방기업을 선정하는 기준은 전적으로 나의 기업탐방 경험을 토대로 내가 선정한 기준이다. 아주 많은 기업들을 탐방하면서 터득하게 된 나만의 기준이기에 당연히 절대적인 기준이 아니다.

탑다운방식으로 고를까? 아니면 바텀업방식?

투자 유망종목을 발굴하는 전통적인 방법은 크게 두 가지이다. 하나는 탑다운방식(Top-down approach)으로 거시경제 분석을 통해 유망산업을 먼저 선정하고, 그 다음 기본적 분석을 통해서 산업내의 경쟁력을 갖춘 유망 개별기업을 찾아내는 방식이다. 다른 하나인 바텀업방식(Bottom-up approach)은 어느 산업에 속해 있는지보다는 기업 자체에 초점을 맞추고 투자가 유망한지 여부를 결정하는 방식이다. 물론, 나는 후자인 바텀업방식을 더 중요하게 여기는 사람이다. 이는 수많은 기업탐방을 진행하면서 자연스럽게 깨닫게 된 것으로, 탑다운방식은 다음과 같은 치명적인 문제점을 가지고 있다고 나는 생각한다. 이는 지극히 개인적인 견해이며 나는 그 어떤 반론도 기꺼이 수용할 의사가 있다.

첫째, 유망산업을 먼저 선정하기 때문에, 유망하지 않은 것으로 분류된 산업에 속해 있는 기업들은 처음부터 투자 대상 종목에서 배제가 된다는 사실이다. 이는 아주 위험한 접근 방식이다. 쉬운 예로, 오래 전부터 대한민국의 요식업은 큰 위기 상황이라고 수없이 언론에서 언급하고 있다. 그러나, 아무리 불경기라도 손님이 넘쳐나는 식당을 우리는 주변에서 쉽게 찾을 수 있다. 소위 맛집으로 알려진 식당을 가보면 불경기라는 단어가 불쌍하게 여겨질 정도이다. 탑다운방식의 투자 결정이라면 이러한 대박집들은 처음부터 투자 대상이 아닌 기업들이다.

둘째, 파리가 날리던 식당이 망해서 음식점 주인이 바뀌고 새로운 식당은 사람들로 넘쳐나는 경우가 간혹 있다. 일반인들이 보기에는 똑같은 자리에서 똑같은 메뉴로 장사를 하는데 왜 이런 일이 생기는지 도통알 수가 없다. 그러나, 자세히 들여다 보면 이전 식당과는 분명 다른 점이 있다. 예를 들어서, 서비스 쿠폰을 발행해서 손님들이 다시 찾도록유도를 하거나 수저를 일반 수저통이 아닌 1인용 포장으로 바꾸어서 위생에 특별히 신경을 썼다든지 이전 식당과는 분명 차별화된 점이 있을 것이고 이는 탑다운방식이 아닌 기업탐방을 통해서 철저히 분석을 해야 그 차이점을 알 수가 있는 것이다. 그래서 나는 철저하게 바텀업방식으로 탐방할 기업을 선정한다.

도식화된 투자 유망 종목 분류는 이제 그만!

대형IT우량주, 경기순환주, 건설업 등등 기존의 산업별/업종별 투자 유망 종목 분류 작업은 위에서 설명하였듯이 처음부터 잘못된 투자 접근 방식이다. 나의 탐방기업 선정 기준은 철저히 바텀업방식이며 어느 산업이나 업종이라도 전혀 상관하지 않는다. 실제로, 똑같은 업종에 속해 있으면서 비슷한 제품을 생산하고 있는데 적자에 허덕이는 회사가 있는 반면, 상대적으로 양호한 실적을 내는 기업을 어렵지 않게 만날 수 있었다. 극단적인 예로 아이폰에 카메라모듈을 납품하는 회사와 중국 특정지역에서만 팔리는 스마트폰에 카메라 모듈을 납품하는 회사의 실적이 어떨지는 누구나 쉽게 예측할 수 있다. 예를 든 두 회사의 차이점은 실제로 기업을 방문해서 정밀한 비교 분석을 통해서만 가능한 것이다.

따라서, 여기에 소개하는 탐방기업 선정 기준은 산업별 분류가 절대 아닌 내가 생각하는 투자 유망 기업 분류이다. 예를 들어서, 치킨게임의 승자가 유력한 회사로는 2008년 이후 FPCB 제조업에서 최후의 승자가 된 인터플렉스처럼 IT 부품 회사일 수도 있고, 삼성전자/SK하이닉스처럼 반도체 산업의 치킨게임 승자일 수도 있으며, 인터넷 검색 포털 사이트를 독식하게 된 NAVER처럼 서비스업종일 수도 있다.

나는 치킨게임의 승자가 될 가능성이 높은 기업들을 남들보다 먼저 알아보고 기업을 방문해서 자세히 분석하는 것이 여러 목표 중 하나이다. 이를 하나의 산업이나 업종으로 도식화해서 찾으려고 한다면 일부만을 찾을 수 있고 여러 치킨게임의 승자가 될 다수의 회사는 그냥 지나쳐 버릴 것이다. 즉, 대형주보다는 중소형주가 기업 실적 예측이 더 쉬우며 치킨게임의 승자가 될 가능성이 높은 기업, 성공 가능성이 높은 신사업이나 신제품을 준비 중인 회사, 성장이 유망한 신규 상장 회사를 남들보다 먼저 알아보기 등의 나만의 탐방기업 선정 기준은 오랜 경험에서 나온 나만의 것이다.

똑똑한 신규 상장종목, 남들보다 먼저 알아보기

신규 상장된 주식들은 단기 변동성이 기존 상장 주식들보다 아주 심하다. 그 이유는 공모청약으로 주식을 배정받은 개인 투자자나 기관투자자들은 일단 수익이 발생하면 이익 실현을 하는 경향이 많기 때문이다. 공모주 청약을 아주 오래한 일반투자자들은 상장 첫날 아예 공모가격 수준으로 매도주문을 내는 경우도 많다. 상황이 이렇다 보니 신규 상장 주식들은 대부분 기업의 본질가치와는 무관하게 단기 수급에 의해서 급등을 하거나 급락을 하는 모습을 자주 보인다. 기업의 주가가 실체인 기업의 본질가치와 멀리 떨어져 있다는 사실은 그만큼 수익을 낼 가능성이 높다는 이야기이다. 따라서, 신규 상장종목들 중에서 향후 실적이 호전될 것으로 예상되는 기업 중 상장 이후 수급에 의해서 주가가 많이 하락한 기업을 선별해서 탐방을 진행한다. 선정기준은 다음과 같다.

첫째, 시장의 규모는 커지고 경쟁기업의 수는 많지 않은 산업에 속하는 기업이다. 이는 지극히 당연하다. 먹을 수 있는 파이는 점점 커지고, 나눠 먹어야 하는 입의 숫자는 적다면 아주 성장성이 높은 기업일 것이다. 특히, 공식적으로 각국 정부의 인증을 받아야 하며 인증을 받기 위한 기술의 습득이 아주 어렵고 시간이 많이 걸리는 업종에 있는 기업일수록 성장의 가능성은 훨씬 크다. 보톡스시장, 연속혈당측정기시장 등등이 해당될 것이다.

둘째, 비교 가능한 상장 기업이 전혀 없는 신규 상장기업이다. 그만큼 기술적으로 진입이 쉽지 않다는 것을 의미하며 특히, 외국인투자자들이 좋아하는 유형의 기업들이다. 상장 당시 독특한 사업 아이템으로 외국인들의 관심의 대상이었던 기업으로는 인터넷 유해 사이트 차단 서비스를 제공해 주는 플랜티넷, 약품 자동 제조 포장 시스템을 생산하는 제이브이엠, FPCB 국내 유일의 생산기업이었던 인터플렉스 등이었다.

셋째, 시가총액과 비교해서 매출규모가 특별히 크거나, 영업이익률이 압도적으로 높은 기업들이다. 매출규모는 아주 크고 영업이익이 적은 회사는 원가 개선이나 제품 가격 인상이 가능하게 되면 영업이익은 현재보다 아주 많이 증가를 할 것이다. 제2부 '싼 게 비지떡!'에서 예를 든 SPC삼립식품은 영업이익률이 증가를 하면서 기업의 영업이익이 아주 많이 증가했었다. 또한, 영업이익률이 압도적으로 높은 기업의 경우 매출이 크게 증가하는 계기가 마련이 된다면 회사의 영업이익은 마찬가지로 크게 증가할 것이다. 이는 신규 상장기업뿐만 아니라 기존의 상장 기업에도 해당되는 내용이며 관심종목에 등록하고 계속 지켜봐야 할 기업들이다. 메디톡스가 대표적인 회사이다.

대형주보다는 개별 중소형주가 기업 실적 예측이 훨씬 쉽다

만일, 어떤 투자자가 현대 자동차를 혼자서 정확하게 분석하고자 한다면 국내 판매 현황뿐만 아니라 전세계를 돌아다니면서 실시간으로 경쟁사와 비교해서 얼마나 많이 자동차가 판매가 되고 있는지를 확인해야 할 것이다. 또한, 경쟁 회사들은 어떤 신모델을 출시 준비 중이고 출시된 이후에는 판매량 추이를 쉬지 않고 체크를 해야 할 것이다. 이런 작업을 쉬지 않고 해야 하기 때문에 현대자동차를 정확하게 분석하는 일은 거의 불가능에 가깝다. 규모가 크고 글로벌로 영업을 하는 대기업을 혼자의 힘으로 분석하는 일은 이처럼 어렵다. 이러한 대형주 분석의 한계를 최대한 극복하기 위해서 글로벌 외국계 증권사들이 어떻게 리서치센터를 조직하고 운영하는지 소개해 드릴 필요가 있다.

국내 증권회사와는 많이 다른 외국 글로벌증권사의 리서치 시스템

외국계 증권사는 업종별로 지역 애널리스트를 따로 보유하고 있다. 예를 들어, 자동차 업종이라고 하면 유럽 지역을 담당하는 자동차 애널리스트가 있고, 미주 지역 담당 애널리스트, 그리고 아시아 지역 담당 애널리스트를 따로 두고 있다. 경우에 따라서는 새로운 최대 시장으로 급부상하고 있는 중국 자동차시장만을 전담하는 애널리스트를 두고 있는 외국계 증권사도 있다. 그리고, 각 업종별로 글로벌 지역 전체를 관리하는 선임 애널리스트가 있다. 보통 리서치헤드라고 지칭한다. 리서치헤드의 주관으로 자동차 지역별 애널리스트들은 정기적으로 화상 회의를 통해서 지역별 자동차 판매 현황과 새롭게 경쟁력을 보이고 있는 자동차 회사나 경쟁력을 잃고 있는 자동차 회사들에 대한 정보를 공유한다. 또는 미래 자동차 산업을 이끌어 갈 기업이 어디인지 오랜 시간 토론을 한다. 이러한 회의 과정을 통해서 외국계 증권회사는 자동차 산업에 대한 하우스 뷰(House View: 특정 증권회사가 자동차 산업에 대한 회사의 대표 의견을 밝히는 행위를 말한다)를 주기적으로 언론에 발표를 한다. 이는 국내 증권사와 크게 차별화된다. 혼자서 국내 자동차 산업을 커버하는 애널리스트의 분석과 지역별 전담 애널리스트가 따로 있고 이들이 오랜 회의를 거쳐서 만든 분석 자료 중 주식시장은 과연 누구의 분석을 더 신뢰 하겠는가?

2017년도 11월 26일 외국계 증권사인 모건스탠리는 삼성전자에 대한 투자의견과 목표주가를 하향 조정했다. 2017년도에 주가가 너무 많이 올랐고, 반도체 낸드 다운사이클이 시작될 것이라는 자체 전망이 주된 이유였다. 삼성전자에 대한 자세한 뉴스는 인터넷을 검색하면 쉽게 볼 수 있다. 이후 삼성전자의 주가가 어떻게 움직였는지 아래에서 살펴보자.

　삼성전자의 주가가 국내 증권사의 리포트에는 미동도 하지 않지만, 외
국계증권사의 리포트에는 아주 민감하게 반응하는 것을 위의 사례에서 볼
수 있다. 이는 바로 위에서 설명한 이유 때문이다. 지역별 반도체와 디스
플레이, 휴대폰을 중심으로 한 전자 제품 등 수많은 애널리스트들의 분석
의 종합인 외국계 증권사의 리포트에 주식시장이 더 민감하게 반응하는
이유는 당연하다. 나는 외국계 증권사가 어떻게 분석을 하고 있는지 설명
을 통해서 그만큼 대형주 분석이 어렵다는 사실을 말하고 싶다는 것이다.

　반대로, 대기업에 부품이나 소재를 납품하는 중소기업의 실적을 예
측하는 일은 상대적으로 수월하다. 예를 들어, 삼성전자에 휴대폰 부품
을 납품하는 중소기업의 실적은 부품이 적용되는 삼성전자 휴대폰의
글로벌 판매량 전망과 삼성전자 내에서의 중소기업의 납품 점유율만
파악하면 쉽게 예측이 가능하다. 그렇기 때문에, 나의 기업탐방 목표는
일반투자자들이 선호하고 실적 예측이 상대적으로 쉬운 중소기업들이
상당수를 차지하고 있다.

수주로 먹고 사는 기업 vs 가입자수로 먹고 사는 기업

나의 오랜 기업탐방 경험상 안정적으로 꾸준히 수익을 내면서 성장하는 회사에 대한 투자로 크게 실패한 기억이 없다. 나의 관심 종목군에 있는 상당수 기업들이 바로 여기에 속하는 기업들이다.

수주 여부에 따라서 실적이 좌지우지 되는 기업

IFRS(연결)	Annual				Net Quarter			
	2015/09	2015/12	2016/12	2017/12(P)	2017/03	2017/06	2017/09	2017/12(P)
매출액	239	169	2,309	3,118	1,174	841	669	434
영업이익	-70	11	161	364	133	84	131	15
당기순이익	-47	3	104	221	81	63	90	-12
지배주주순이익	-47	3	104		81	63	90	
비지배주주순이익	0	0	0		0	0	0	
자산총계	1,083	1,193	2,412		2,508	2,440	2,345	
부채총계	203	284	1,285		1,310	1,179	990	
자본총계	880	909	1,127		1,198	1,261	1,355	
지배주주지분	880	909	1,127		1,198	1,261	1,355	
비지배주주지분	0	0	0		0	0	0	
자본금	82	82	82		83	83	83	
부채비율	23.01	31.22	114.04		109.35	93.54	73.04	
유보율	1,025.04	1,059.64	1,324.78		1,406.51	1,482.82	1,597.41	
영업이익률	-29.31	6.70	6.99		11.35	10.03	19.56	
지배주주순이익률	-19.88	1.58	4.48	7.08	6.86	7.44	13.45	-2.79
ROA	-4.31	0.23	5.74		13.10	10.12	15.04	
ROE	-5.22	0.30	10.17		27.72	20.36	27.51	
EPS (원)	-289	16	629	1,327	489	379	545	-73
BPS (원)	5,625	5,798	7,124		7,533	7,914	8,487	
DPS (원)			100					
PER	N/A	422.19	28.52					

위의 화면은 디스플레이 장비를 생산하는 아이씨디 회사의 지난 몇 년간의 재무제표이다. 수주가 적었던 2015년도와 수주가 크게 증가했던 2017년도의 실적은 천지 차이다. 심지어 2015년도의 매출액이 2017년도의 영업이익보다 적은 것을 볼 수 있다.

위의 화면에서 볼 수 있듯이 아이씨디의 주가는 수주가 적었던 2015년도와 수주가 크게 증가한 2017년도에 크게 다른 것을 볼 수 있다. 수주 여부에 따라서 실적이 크게 달라지는 회사의 사례를 하나 더 살펴보자.

IFRS(연결)	Annual				Net Quarter			
	2014/12	2015/12	2016/12	2017/12(P)❓	2017/03	2017/06	2017/09	2017/12(P)❓
매출액	1,420	1,756	2,680	2,727	761	764	619	583
영업이익	96	153	377	416	126	130	87	73
당기순이익	-211	77	326	420	139	134	80	67
지배주주순이익	-211	77	326	420	139	134	80	67
비지배주주순이익	0	0	0		0	0	0	
자산총계	3,033	3,077	3,275		3,249	3,176	3,151	
부채총계	1,963	1,935	1,798		1,647	1,440	1,334	
자본총계	1,070	1,142	1,477		1,602	1,736	1,817	
지배주주지분	1,070	1,141	1,477		1,602	1,736	1,817	
비지배주주지분	0	1	0		0	0	0	
자본금	241	241	241		241	241	241	
부채비율❓	183.42	169.39	121.68		102.81	82.91	73.44	
유보율❓	343.60	373.08	512.40		564.10	619.77	653.05	
영업이익률❓	6.74	8.70	14.06		16.56	16.99	14.09	
지배주주순이익률❓	-14.83	4.39	12.16	15.41	18.26	17.53	12.96	11.51
ROA❓	-6.25	2.52	10.26		17.04	16.68	10.14	
ROE❓	-20.52	6.97	24.89		36.10	32.10	18.05	
EPS❓ (원)	-466	160	676	871	288	278	166	139
BPS❓ (원)	2,218	2,365	3,062		3,320	3,599	3,765	
DPS❓ (원)								
PER❓	N/A	49.34	15.32					

위의 재무제표는 반도체와 디스플레이 장비를 생산하는 주성엔지니어링의 재무제표이다. 연도별 매출과 영업이익이 크게 차이가 나는 것을 볼 수 있다. 같은 기간 주가는 어떻게 움직였는지 아래 차트 화면에서 살펴보자.

위의 주성엔지니어링 주봉 차트 화면에서 볼 수 있듯이 실적이 좋지 않았던 시기인 2014년도와 실적이 뚜렷이 개선되던 시기인 2017년도 주가는 크게 차이가 있다.

이처럼 기업의 매출과 영업이익 등 실적이 수주 여부에 전적으로 의존하는 대표 업종은 조선, 반도체 장비, 디스플레이 장비, 건설, 플랜트 업체 등 국내 상장사 중에서 절반 이상이다. 이러한 기업들의 실적 예측은 수주 여부에 따라 달라지기 때문에 상대적으로 어렵다. 물론, 회사 설립 이후 기업이 영업 행위를 오래 해 왔기 때문에 기업이 부도가 날 위험성은 내 경험상 적다. 그러나, 외부 변수에 따라서 수주 여부가 크게 달라지는 경우가 많기 때문에 수주 산업에 속한 기업들은 내가 탐방을 선호하는 기업들은 아니다. 그렇다고, 수주 베이스 기업들에 대한 투자가 가치가 없다고 말하는 것은 결코 아니다. 다만, 기업의 중장기 실적 예측이 상대적으로 어렵다는 사실을 말하고 싶을 뿐이다.

위의 아이씨디와 주성엔지니어링 기업 사례에서 볼 수 있듯이 기업의 수주가 적고 주가도 싼 시기에 주식을 매수하였다가, 수주와 주가모두 크게 오른 시기에 매도를 하면 큰 수익을 낼 수 있다고 생각하는투자자들이 있을 것이다. 당연히 맞는 주장이고 실제로 반도체나 디스플레이 장비 회사들에는 기업 실적이 적자일 때 사서 기업 실적이 좋을 때 팔라고 주장하는 전문가들이 많다. 그러나, 지나고 나서 보니 매수하지 못한 것이 아쉬운 것이지 나의 경험상 제품 기술 경쟁력이 아주뛰어난 일부 회사가 아닌 이상 전방 산업의 회복기나 호황기에 수주를많이 받는다는 보장이 없었다. 제품 경쟁력 역시 계속해서 우위를 점한다는 보장도 없었다.

안정적으로 꾸준히 성장하는 회사들: 가입자 수에 의존하는 기업

반대로 가입자 수에 따라서 기업의 실적이 달라지는 기업들은 과거수년 간 계속해서 안정적으로 실적이 성장해 왔다.

IFRS(연결)	Annual				Net Quarter			
	2014/12	2015/12	2016/12	2017/12(P)	2017/03	2017/06	2017/09	2017/12(P)
매출액	3,233	3,576	4,506	5,803	1,336	1,349	1,513	1,606
영업이익	585	634	799	1,027	231	262	267	268
당기순이익	458	503	621	686	181	199	204	101
지배주주순이익	455	501	626	694	184	200	207	103
비지배주주순이익	3	1	-5		-3	-1	-3	
자산총계	3,039	3,628	4,539		4,759	4,858	5,245	
부채총계	981	1,168	1,515		1,816	1,711	1,856	
자본총계	2,058	2,460	3,024		2,943	3,147	3,389	
지배주주지분	2,021	2,374	2,928		2,851	3,055	3,262	
비지배주주지분	37	86	95		92	92	127	
자본금	126	126	126		126	126	126	
부채비율	47.64	47.49	50.09		61.71	54.38	54.75	
유보율	1,498.53	1,777.22	2,215.74		2,154.33	2,315.86	2,479.82	
영업이익률	18.09	17.73	17.73		17.30	19.42	17.63	
지배주주순이익률	14.09	14.02	13.90	11.82	13.75	14.84	13.70	6.31
ROA	16.93	15.08	15.22		15.54	16.59	16.19	
ROE	25.37	22.82	23.63		25.43	27.11	26.25	
EPS (원)	1,801	1,983	2,477	2,746	726	791	819	409
BPS (원)	7,993	9,386	11,579		11,272	12,079	12,899	
DPS (원)	711		1,004					
PER	24.38	42.37	30.64					

위의 화면은 멜론이라는 음원서비스로 유명한 카카오M의 재무제표
이다. 재무제표에서 볼 수 있듯이 기업의 매출과 영업이익은 매년, 심
지어 매 분기 꾸준히 증가하는 것을 볼 수 있다. 같은 기간 주가는 어떻
게 움직였는지 아래 화면에서 살펴 보도록 하자.

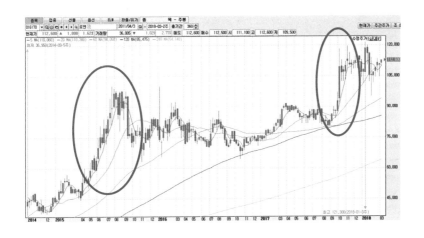

　위의 화면에서 볼 수 있듯이 카카오M의 주가는 꾸준히 증가하는 기업 실적에 비례해서 오랜 기간 동안 계단식으로 상승을 하고 있다. 가입자 수에 의존하는 기업들은 카카오M 말고도 코웨이, 민앤지 등 많이 있다. 이처럼 가입자 수에 실적이 좌우되는 기업들 중 신제품이나 새로운 서비스를 준비 중인 회사는 향후 기업 실적과 주가가 한 단계 레벨업 할 가능성이 아주 많으며, 따라서 나의 기업탐방 대상 종목이 된다. 실제 종목 사례를 하나 더 살펴보자.

IFRS(연결)	Annual				Net Quarter			
	2014/12	2015/12	2016/12	2017/12(P)	2017/03	2017/06	2017/09	2017/12(P)
매출액	21,603	23,152	23,763	25,168	6,102	6,234	6,296	6,536
영업이익	3,644	4,633	3,388	4,727	1,209	1,206	1,242	1,071
당기순이익	2,497	3,431	2,433	3,256	754	952	934	616
지배주주순이익	2,497	3,431	2,436	3,261	755	953	935	618
비지배주주순이익	0	0	-3		-1	-1	-1	
자산총계	16,216	17,754	19,677		20,011	21,246	21,199	
부채총계	5,822	5,372	7,844		10,135	11,016	11,488	
자본총계	10,394	12,382	11,833		9,876	10,230	9,711	
지배주주지분	10,385	12,374	11,828		9,872	10,227	9,709	
비지배주주지분	9	9	5		4	3	2	
자본금	407	407	407		407	407	407	
부채비율	56.01	43.38	66.28		102.62	107.69	118.30	
유보율	2,772.79	3,248.44	3,260.73		2,694.37	2,600.06	2,705.05	
영업이익률	16.87	20.01	14.26		19.82	19.35	19.72	
지배주주순이익률	11.56	14.82	10.25	12.94	12.38	15.29	14.85	9.43
ROA	15.18	20.20	13.00		15.20	18.46	17.60	
ROE	25.23	30.15	20.13		27.84	37.94	37.51	
EPS (원)	3,238	4,449	3,167	4,411	989	1,263	1,249	836
BPS (원)	15,146	17,654	17,891		15,028	14,674	15,245	
DPS (원)	2,000	2,800	3,200		800	800	800	
PER	26.01	18.90	27.88					

　위의 화면은 정수기 렌탈사업을 주로 하고 있는 코웨이의 재무제표이다. 카카오M과 마찬가지로 렌탈 가입자 수에 따라서 기업의 실적이 연동되고 있다. 아래 화면에서 주가의 움직임을 살펴보자.

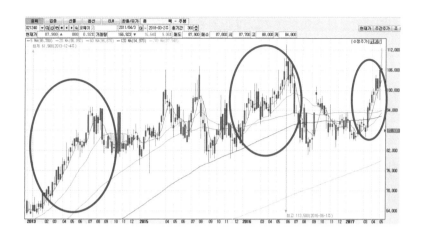

　위의 화면은 코웨이의 주봉차트이다. 코웨이의 주가도 렌탈 가입자 수 증가에 따라 장기간 꾸준히 상승하고 있을 것을 볼 수 있다.

　이처럼 실적 예측이 상대적으로 쉬운 기업들이 나의 탐방 대상 기업 들이다.

치킨게임에서 살아남은 기업이 산업을 독식한다

　나의 경험상 SK하이닉스, NAVER처럼 치킨게임의 승자가 될 가능성이 높은 기업들이 중장기로 크게 수익을 낼 수 있는 가능성이 가장 높다. 따라서, 나의 관심종목들 중 일부는 이러한 치킨게임을 힘겹게 하고 있는 기업들이다. 과거 나는 글로벌 금융위기 이후 모든 산업의 교통정리가 진행 중이던 무렵 진입장벽과 관련된 기업 사례에서 설명하였던 인터플렉스 회사를 탐방한 경험이 있다. 당시 FPCB 산업은 업종 진입 회사의 증가로 치열한 치킨게임이 계속되었고 글로벌 금융위기는 치킨게임 상황을 마무리시켜주는 결정적인 요인이 되었다. 글로벌 금융위기로 산업 전반에 수요가 크게 줄었고 FPCB 생산업체의 상당수가 도산을 했던 것이다. 그리고, 시기 적절하게 인터플렉스 회사 기업탐방을 통해서 주력 고객인 S사뿐만이 아니라 새롭게 다른 고객에게까지 FPCB 납품을 위해 준비 중이었던 사실을 확인할 수 있었다.

위의 화면은 인터플렉스회사의 당시 주가 차트이다. 현재 레드오션인 시장에서 치열한 생존 경쟁을 하고 있는 기업들 중 치킨게임의 승자는 산업을 독식하면서 주가도 적게는 몇 배에서 낳게는 수십 배 상승한다는 사실을 일반투자자들에게 설명하고 싶을 뿐이다.

설비투자나 신사업을 준비 중인 회사

유상증자 결정

1. 신주의 종류와 수	보통주 (주)	670,000
	우선주 (주)	–
2. 1주당 액면가액 (원)		500
3. 증자전 발행주식총수 (주)	보통주 (주)	6,325,161
	우선주 (주)	–
4. 자금조달의 목적	시설자금 (원)	23,811,580,520
	운영자금 (원)	21,270,115,760
	타법인 증권 취득자금 (원)	–
	기타자금 (원)	947,303,720
5. 증자방식		주주배정후 실권주 일반공모

위의 화면은 어느 상장회사가 자금 조달을 위해서 유상증자를 한다는 공시 내용이다. 위의 회사는 시설자금과 운영자금 조달을 위해서 유상증자를 결정하였다. 아마도, 설비투자를 단행하는 듯하다. 생산설비 투자나 타법인 주식 취득을 위한 필요 자금 조달을 위한 공시를 접하게 되면 나는 일단 해당 회사에 전화를 해서 주식IR담당자에게 좀 더 자세히 질문을 한다. 그리고, 기업이 신규 매출처 확보에 따른 생산설비 투자나 성공가능성이 높은 신사업 진출을 위한 자금 조달이라면 기업탐방을 통해서 자세히 분석을 한다. 중장기로 아주 좋은 투자 대상 종목이기 때문이다.

제2부 '아이가 타고 있어요!'에서 설명하였듯이 생산설비 투자나 신사업 진출을 위한 타 법인 지분 취득을 위한 자금 조달이 많은 전문가

들이 주장하듯이 항상 호재인 것은 아니다. 그리고, 자금 조달의 목적이 기업의 성장을 위한 것인지 아니면 악화되는 경영 환경에서 무엇이든 해 보려는 조급한 마음에 서둘러 자금 조달을 하는 것인지 기업탐방을 통해서 분석하는 일은 정말 중요하다.

제4부

발로 뛰는 기업탐방, 기업탐방 시 알아봐야 하는 것들

만일, 누군가가 일반투자자에게 자신이 매수해서 보유하고 있는 기업을 탐방할 기회를 마련해 준다고 가정을 해 보자. 그리고, 주식IR담당자와 미팅을 해서 계속해서 주식을 보유해야 할지 또는 매도를 해야 할지 자세히 분석을 하고 판단을 내리라고 한다면 아마도 크게 당황할 것이다. 무엇을 어떻게 질문해야 할지 도통 감이 안 올 것이기 때문이다. 이는 기업탐방 경험이 전혀 없는 증권사 지점 PB도 별반 다르지 않다. 가끔씩 기업탐방 경험이 거의 없는 PB와 기업탐방을 동행하면 주식IR담당자와의 미팅에서 질문을 한 마디도 못하는 경우가 대부분이다. 기업탐방 전에 IR담당자에게 질문할 내용과 그것을 통해서 기업 실적과 관련해서 파악해야 할 내용을 미리 철저히 준비해서 탐방을 한다면 성공적인 기업탐방을 할 수 있을 것이라고 나는 자신 있게 말할 수 있다.

전자공시에 있는 사업의 내용이면 절반 이상 기업탐방 준비 끝

투자 경험이 꽤 있는 일반투자자들은 상장 기업들은 매 분기 실적을 분기 종료 후 45일 이내에 공시해야 한다는 사실을 알고 있다. 그리고, 전자공시 시스템(Dart)에서 기업들의 실적과 관련된 공시를 일일이 직접 확인하는 투자자는 증권사 HTS에서 뉴스를 통해서 기업실적과 관련된 내용을 검색하는 투자자보다는 훨씬 앞서있는 투자자라고 말해 주고 싶다. 많은 일반투자사들뿐만이 아니라 심지어 일부 증권사 PB조차도 기업의 분기 실적은 증권사가 서비스 해 주고 있는 HTS 화면에서 확인이 가능하다고 생각하고 있다. 나는 자신이 관심을 가지고 지켜보는 회사가 왜 분기 실적을 발표하지 않는지 모르겠다고 말하는 투자자의 전화를 받은 적도 있었다. 결론부터 말하면 특정 기업의 분기 실적은 전자공시시스템에서 확실히 확인이 가능하며, 증권사 HTS에는 해당기업의 분기 실적이 뉴스화되지 않으면 언급이 되지 않는다는 사실이다. 그렇기 때문에 전자공시 시스템에서는 분기 실적을 확인할 수 있지만, 증권사의 HTS에서는 기업의 뉴스로 언급되지 않는 경우 기업 실적을 알 수가 없다.

　위의 화면에서 볼 수 있듯이 현대자동차의 분기보고서, 반기보고서,
사업보고서가 공시되어 있다. 이외에도 여러 공시 사항이 있으나, 설명
의 편리를 위해서 정기공시 사항 중 사업/반기/분기 보고서만 검색을
하였다. 이 중 아무 보고서나 클릭하면 모든 투자자들은 연간/반기/분
기 실적을 알 수 있다. 이를 위해서는 인터넷 검색창에서 '전자공시시스
템'이라고 검색만 하면 친절하게 안내해 줄 것이다. 내가 강조하고 싶은
부분은 실적 관련 공시를 파악하는 방법이 아니다.

위의 화면은 앞에서 살펴 본 현대자동차의 분기보고서에 있는 '사업의 내용'에 대한 화면이다. 분기, 반기 또는 결산 실적 공시의 내용 중에는 기업의 사업의 내용에 대한 보고서가 반드시 있다. 주식IR담당자는 수시로 기업의 사업의 내용을 수정·보완해서 거래소에 제출하는 일도 하고 있다. 나는 사업의 내용을 통해서 그 기업이 어떤 영업을 하고 있는지, 현재의 경쟁력은 어느 수준인지 정보를 얻는다. 오늘부터 전자공시시스템에 있는 사업의 내용을 꾸준히 읽는다면, 일반투자자도 전문가 못지 않은 실력을 쌓을 수 있다고 자신 있게 말할 수 있다. 주식투자 능력을 키우는 데 있어서 가장 중요하게 생각하는 내용이 무엇이냐고 누군가 나에게 질문을 한다면 나는 주저 없이 전자공시시스템에 나와 있는 상장기업의 사업의 내용이라고 답변할 것이다. **주식투자의 고수**

가 되는 길은 바로 사업의 내용을 꾸준히 읽는 일이라는 사실을 꼭 기억하자.

사업의 내용 중 반드시 체크해야 하는 부분

나는 특별히 사업의 내용 중에서 그 기업이 속한 산업의 특성, 기업의 경쟁력, 최근의 매출 현황과 공장 가동률, 연구 인력 등을 꼼꼼하게 체크한다. 산업의 특성을 정독해서 읽는다면 일반투자자들도 전문가에 결코 뒤지지 않는 산업의 밸류체인을 잘 이해할 수 있다고 생각한다. 실제로 나의 특정 산업 밸류체인에 대한 이해는 사업의 내용에 있는 산업의 특성을 자세히 공부하면서 가능해졌다.

CEO의 마인드가 기업에 미치는 영향

나는 기업탐방을 하게 되면 사전에 CEO와의 만남이 가능한지부터 주식IR담당자에게 문의한다. 당연히 CEO의 경영마인드를 파악하는 일은 그 기업의 주식에 투자를 할지 말지 결정하는 중요한 요소 중의 하나이기 때문이다. 나는 회사의 CEO의 잘못된 판단으로 소위 말해서 잘나가던 회사가 점점 어려워지고 결국은 사라진 경우를 아주 많이 경험하였다. 대표적으로 소주를 만들었던 '진로'라는 회사이다.

예전에 소주는 위스키 다음으로 전 세계에서 두번째로 가장 많이 팔리는 술이라는 뉴스를 접했던 기억이 있다. 당연히 대한민국 성인남성들의 기여도가 가장 높았을 것이다. 진로라는 브랜드의 소주에만 집중을 하던 회사는 2세 경영 체제가 되면서 여기저기 문어발식 투자에 나서게 된다. 주류업만을 하던 회사는 유통, 백화점, 건설 등 지식과 경험이 일천한 사업을 하면서 회사의 경영이 어려워졌고 지금은 맥주 회사에 매각이 된 상태이다. 따라서, 회사 CEO의 회사 경영 철학을 파악하는 일은 아주 중요한 기업탐방 작업 중에 하나이다. 운 좋게 CEO와 미팅이 가능할 때면 나는 짧은 대화를 통해서 CEO가 어떤 생각으로 기업을 경영하는지 파악하고자 온 신경을 썼다. 나의 오랜 기업탐방 경험상 CEO의 성향은 크게 두 분류로 나눌 수 있다.

먼저, 기업의 IR활동에 적극적인 CEO가 있다. 어떤 경우는 CEO가 직접 IR미팅을 진행하겠다고 하는 회사도 있다. 그럴 경우 나는 운이 좋다고 기뻐만 할 것으로 생각하는가? 반드시 그렇지는 않다. 기업

IR 활동이 회사 경영의 중요한 활동 중 하나이긴 하지만 회사의 공식적인 IR 행사가 아님에도 불구하고, 회사 CEO가 일반 증권사 직원과의 주식IR미팅까지 직접 챙긴다는 사실은 그만큼 기업의 주가에 관심이 많다는 사실을 반증하는 것이다. 어쩌면, 정작 중요한 회사의 경영에는 소홀할 가능성이 있다. 실제로 나의 경험상 회사의 CEO가 직접 IR미팅에 스스로 원해서 참석하는 경우 회사의 홍보에만 열을 올리는 모습을 가끔 목격할 수 있었다. 당연히 그런 기업은 나의 관심 종목군에 이름을 올리지 못한다. 물론, 회사가 어려운 상황에서 직접 회사 IR까지 챙기고자 하는 순수한 의도를 가지고 있는 CEO가 더 많이 있고, 열정과 자신감으로 회사를 생각하는 모습을 더 자주 뵙긴 하였다.

둘째, 회사의 IR에는 아예 관심이 없는 CEO분들도 아주 많다. 정확하게 말해서 대부분의 CEO분들은 기업탐방에서 만나기 어렵다. 나는 기업탐방 시 CEO의 성향을 파악하는 일은 주로 주식IR담당자에게 CEO가 어떤 분이신지 자세히 질문을 하여 그것으로 대신한다.

CEO에 대한 질문은 주로 다음과 같다.

첫째, 창업을 하게 된 동기를 여쭤 본다. 본인의 전공을 살리는 경우나 오래 다니던 직장을 그만 두고 하던 일을 창업하시는 경우가 나의 기업탐방 경험상 가장 많았다. 지극히 평범해 보이나 가장 좋은 케이스라고 생각한다. 다니던 직장을 그만두고 스스로 나와서 창업을 하는 것은 자신이 일하던 분야에서 성공을 할 수 있다는 자신감이 충만하고,

그만큼 경험과 능력이 출중하기 때문인 경우가 대부분일 것이다. 그리고, 창업을 한 뒤 주식시장에 상장할 정도로 회사를 키웠다는 사실이 CEO의 능력을 간접적으로 증명해 주는 것이다. 번뜩이는 아이디어 하나만을 가지고 창업을 해서 기적과 같은 업적을 이룬 회사는 추가적인 기술발전이 없거나 예상하지 못한 돌발 악재가 회사에 발생하면 회사가 크게 흔들리며 경우에 따라서는 회사가 문을 닫는 경우도 있다.

오래 다니던 회사를 나와서 창업을 한 CEO의 경우 평범해 보이기는 하지만 큰 무리를 해서 회사를 경영하지 않기 때문에 해당 기업에 대한 실전 투자 시 예상치 못한 악재로 손절 매도를 해야 하는 경우는 거의 없다. 또한, 그동안 해 오던 업종이라서 어려운 문제가 발생을 해도 이를 잘 극복하는 편이다. 간혹 자신의 전공이나 경력과는 무관한 업종을 창업하신 분들도 있다. 예전에 탐방한 기업 중에는 신약 개발이 주 사업 목적인 회사의 CEO가 전혀 엉뚱한 분야 출신인 경우도 있었다. 당연히, 신약 개발 능력은 없으며, 창업은 지인이나 투자자의 도움을 받아서 하였을 것이다. CEO는 회사의 신약 개발에 예상치 못한 문제가 발생을 할 경우 어떻게 문제를 해결해야 할지 능력이 전혀 없을 것이다. 그날 이후 나는 그 기업을 쳐다보지 않았다.

둘째, CEO가 회사의 장기 비전을 회사 직원들과 공유를 하는지 항상 묻는다. 나의 경험상 주식IR담당자가 명확하고 주저 없이 회사의 비전에 대해서 잘 설명해 주는 기업과 그렇지 못한 기업은 향후 주가 움직임에도 차이가 발생한다.

여기 두 회사가 있다고 가정해 보자. 한 회사의 CEO는 평소 임직원

회의에서 이렇게 이야기를 한다. 올해 우리의 회사 목표는 얼마인데 현재까지 이 정도의 성과를 냈다면 앞으로 어떻게 목표를 달성할지 구체적인 실행 계획을 세우라고 재촉하고 임직원들에게 중압감을 주는 스타일이다.

반대로 다른 CEO는 똑같은 상황에서 우리가 올해 세운 목표를 달성하면 회사의 경영 환경은 더욱 안정이 될 것이고 대외 인지도가 상승해서 우리에게 더 많은 기회가 올 것이라고 임직원들에게 긍정적인 미래를 제시하는 스타일이다. 당연히 후자의 CEO가 경영하는 회사가 임직원들의 더 많은 노력으로 더 좋은 성과를 낼 가능성이 높다.

셋째, 개인적인 재테크에 관심이 많은지 파악을 한다. 현금거래가 많은 기업의 CEO분들 중에는 주식투자를 하는 분들도 있다. 어떤 경우에는 선물옵션 거래를 하는 경우도 있었다. 주식시장이 폭락하는 날, 큰 손실로 인해서 집에 가서 자녀들 저녁식사 준비조차 할 마음이 전혀 생기지 않는다고 하소연 하는 중년의 여성 고객을 뵌 적이 있었다. 직장을 다니는 주변 지인들 중 주식투자 실패로 회사 일이 손에 잡히지 않는다고 술자리에서 토로를 하는 사람도 자주 목격하였다. 회사의 CEO 역시 일반투자자와 똑같은 개인투자자이기 때문에 주식투자로 큰 손실을 보게 되면, 당연히 회사의 경영에는 소홀해질 것이다.

R&D(Research and Development, 연구개발)가 미치는 힘

매수한 주식이 하락을 하면 많은 일반투자자들은 자사주매입이나 배당금 확대 등 주가 부양 대책을 세우라고 회사에 항의성 전화를 한다. 아마도, 지금 이 서적을 읽는 독자 중 그런 항의성 전화를 해 본 일반투자자가 분명 있을 것이다. 그렇다면, 주가 부양을 위한 자사주매입이 과연 얼마나 효과가 있는지 아래 차트에서 살펴보도록 하자.

일반투자자들이 그토록 바라는 자사주매입이 실제로 약발이 있을까?

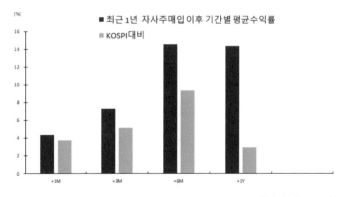

자료제공: KB증권 리서치센터

위의 차트에 대한 설명이 조금 필요하다. 2015년도부터 2017년도 말까지 자사주매입공시를 낸 기업들의 1개월, 3개월, 6개월, 1년간의 기간별 평균수익률과 그 기간 동안 KOSPI 대비 얼마나 더 많이 올랐는지 그 평균 상승률을 보여주고 있다. 자사주 매입 공시 시기가 기업마다 다르기 때문에 3년 동안 자사주매입 공시를 낸 후 기업마다 다른 1년간의 기업들의 평균 주가 상승률이다. 쉽지 않은 자료를 만들어 주신 KB 증권 리서치센터에 깊은 감사의 말씀을 드린다. 자사주매입을 한 기업들의 주가 상승률이 코스피지수 상승률보다 확실히 높긴 했다.

거의 모든 기업들은 주주환원정책으로 배당금을 늘리는 정책보다는 자사주매입을 더 원한다. 그 이유는 이렇다. 배당금을 주주들에게 지급을 하면 회사의 유보금이 외부로 유출되고 회사에 남는 것은 없다. 반면에 자사주 매입은 회사도 자기 회사 주가가 기업 실적에 비해서 싸다고 판단을 하기 때문에 자사주 매입을 결정하는 경우가 많다. 자사주는 언제든지 매도를 할 수 있기 때문에 주가가 쌀 때 사서 주가가 올랐을 때 팔면 기업 입장에서도 이득이다. 또한, 자사주는 의결권이 없지만 언제든지 전략적으로 타 회사와 주식 교환을 통해서 경영권 방어에 사용할 수도 있다. 아무튼, 자사주를 매입한 기업의 주가는 1년 동안 KOSPI지수 대비 대략 5~6% 더 많이 상승을 했다. 그래서 아주 뿌듯한가? 다음 차트를 살펴 보자.

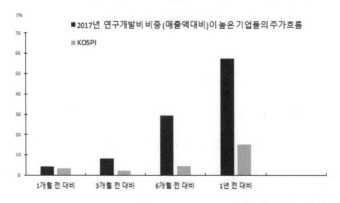

자료제공: KB증권 리서치센터

위의 차트는 2017년 1년간 매출액대비 연구개발비 비중이 높았던 기업들의 주가 상승률과 KOSPI 지수의 1년간 상승률이었다. 1년간 연구개발비 비중이 높았던 기업들의 평균 주가 상승률은 60%에 육박을 하였고, 같은 기간 KOSPI지수는 20%도 오르지 못했다. 거의 4배 가까이 KOSPI 지수보다 평균적으로 더 많이 올랐다.

대부분의 일반투자자들의 생각과는 다르게 왜 자사주매입보다 연구개발비를 늘리는 것이 주가 상승에 훨씬 더 많이 도움이 되는 것일까? 자사주 매입은 단지 수급을 개선시키는 효과만 있는 것이며 실체인 기업에는 어떠한 변화도 주지를 못하기 때문이다. 반면에 연구개발비에 대한 투자를 많이 하는 기업들은 장기적으로 투자의 결실이 가시화 될 가능성이 많으며, 그에 따라 주가도 응답을 해 주는 것이다. 그러니 이제부터는 주가가 하락을 하면 기업에 전화를 해서 자사주매입이나 배당금을 올리라고 난리를 칠 것이 아니라, 오히려 연구개발에 대한 투자를 더 늘리라고 압박을 하는 것이 우리 일반투자자들에게는 장기적으로 훨씬 더 이득이다.

핵심연구인력관리가 기업의 미래를 보여준다

(1) 연구개발 담당조직

부서명	인원구성내용	운영현황
선행연구팀	소장 1명 수석연구원 1명 선임연구원 2명 전임연구원 1명	- 신규 아이템 개발 - 외부 업체와의 협업을 통한 공동 연구개발 - 주력 설비에 대한 연구 및 개발 - 구조 역학적 설계 및 시뮬레이션
제품개발팀	연구원 2명	- 신 설비관련 검토 및 분석 - 설비제작 - 설비 시운전 및 가공품 정밀 측정

　위의 화면은 사업의 내용에 있는 어느 기업의 연구 인력 현황 화면이다. 사업의 내용에 있는 연구 인력 현황을 토대로 나는 실제 기업탐방 시 연구 인력은 총 인력대비 몇 명인지, 학사, 석사, 박사 학위자의 구성비율까지 질문을 한다. 앞에서 살펴 보았듯이 연구개발에 회사가 얼마나 투자를 많이 하는 지는 그 기업의 장기 성장과 주가 상승을 결정하는 아주 중요한 요소 중 하나이기 때문이다. 총 직원 중에서 연구 인력이 차지하는 비중이 높음에도 불구하고 일인당 인건비가 우리의 상식선보다 낮다면 연구인력에 대한 대우가 그리 좋지 않다는 것을 말해 준다. 이는 둘 중에 하나이다. 기업이 연구 인력 관리에 소홀한 상태이고, 이는 언제든지 연구 인력의 이탈로 이어져서 중장기로 기업 경쟁력이 약화된다는 사실이다. 다른 하나의 이유는 산업 자체가 연구 인력이 그리 중요하지 않다는 사실이며 이는 기업이 크게 성장할 가능성이 적다는 것을 의미한다.

또한, 기업이 수도권에서 많이 떨어져 있는데 석사 학위 이상의 연구 인력, 특히 박사 학위 연구 인력이 많다면 그 만큼 연구인력에 대한 대우가 경쟁업체보다 좋다는 것을 우회적으로 알려주는 것이다. 석박사 등의 고급인력이라면 당연히 서울 등 수도권에서 근무하기를 희망할 가능성이 높은데 수도권에서 멀리 떨어져 있는 지방의 기업에 근무하는 이유는 대우가 좋거나 그 기업이 향후 성장할 가능성이 높다고 판단하기 때문일 것이다. 현재 내가 근무를 하고 있는 판교에는 아주 많은 기업들이 입주해 있다. 판교 빌딩의 임대료는 서울 웬만한 강남 빌딩보다 비싸다. 그럼에도 불구하고 많은 기업들이 입주를 하는 큰 이유 중의 하나가 바로 고급인력 유치 때문이다. 서울에서 출퇴근이 용이한 판교 정도가 되어야 고급 인력을 유치하는 데 큰 어려움이 없으며 판교보다 밑으로 내려갈수록 핵심인력 채용이 어렵다는 이야기를 나는 판교 소재 기업들을 탐방하면서 주식IR담당자들에게 자주 전해 들었다.

기업탐방을 하는 다른 기관투자자나 외국인투자자들이 간과하기 쉬운 부분이 바로 연구인력에 대한 회사의 대우를 파악하는 일이다. 거의 모든 업종에서 연구인력의 연구 성과는 미래의 기업가치로 바로 연결되기 때문에 대단히 중요하다. 물론, 단기간의 실적에 미치는 영향이 거의 없기 때문에 연구인력에 대한 대우가 어떤지 파악하지 않는 것으로 생각한다. 하지만, 연구개발이 장기적인 측면에서 기업의 실적과 주가에 큰 영향을 미치는 것을 보았듯이, 연구개발에서 아주 중요한 핵심인력 관리를 어떻게 하는지 파악하는 부분은 아주 중요한 기업탐방에서 파악해야 하는 것들 중 하나이다.

예를 들어서, 신약을 개발하는 바이오 벤처 회사의 경우 신약 개발 연구인력의 능력이나 인원수는 대단히 중요하다. 그 어렵고 시간이 오래 걸리는 신약 개발의 중간에 퇴사를 해 버리는 일이 발생한다면 그 바이오 신약 개발 회사는 존재의 의미가 사라지기 때문이다. 반도체 칩 설계만 담당하고 생산은 전부 외주 위탁 생산하는 회사, 소프트웨어 개발 및 판매 유지 보수를 주로 하는 회사 등 매출 원가에서 인건비 비중이 높은 회사들은 특히 연구 인력을 어떻게 관리하는지 여부가 기업을 분석하는 데 있어서 대단히 중요하다. 연구 인력을 어떻게 관리하고 대우하는지는 나의 기업탐방 경험상 크게 두 부류로 나뉜다.

먼저, 연구인력이 대부분 창업멤버가 많고 여태 회사와 같이 일을 해왔기 때문에 인력 관리에 전혀 문제가 없다고 이야기하는 주식IR담당자가 많았다. 이런 답변이면 대부분의 기업탐방을 한 사람들은 안심하고 넘어갈 것이다. 그런데, 사실은 아주 위험한 연구인력 관리방법이다. 이는 다분히 인간적인 감성에 호소를 하는 것이고, 만약 경쟁업체가 훨씬 좋은 조건을 제시한다면 언제든지 흔들릴 수 있는 부분이다. 나는 이런 식으로 연구인력 관리를 하는 회사는 따로 메모를 해 두고 만약 주식에 투자를 하여도 다른 조건이 비슷하다면 타 기업보다 덜 우선적으로 검토를 한다.

내가 바라는 가장 이상적인 주식IR담당자의 답변은 다음과 같다. 연구 인력들, 특히 핵심 인력들은 급여는 타 경쟁업체보다 상대적으로 적지만 스톡옵션을 많이 받고 근무를 하고 있다는 답변이다. 탐방하는 기업에 대해서 가장 잘 아는 사람은 바로 직원들이고 그중에서 연구 인력들이다. 박봉에도 불구하고 스톡옵션으로 일을 한다는 이야기는 그만큼 미래의 회사전망을 아주 긍정적으로 보고 있다는 이야기이다. 그 회사의 연구원들은 개인적인 이익을 위해서라도 연구 개발에 매진할 것이다.

공장 가동률은 올라가는데 왜 매출이 줄어들지?

최근의 매출 현황과 공장 가동률 역시 아주 중요한 체크 포인트이다. 이를테면, 매출은 계속 정체 상태인데 공장 가동률은 계속해서 증가하고 있는 상황이라면 왜 그러한 일이 발생하는지 꼭 확인해야 한다.

나. 생산 실적 및 가동률

(1) 생산실적

(단위 : 대)

사업부문	품 목	사업소	제 20기 3분기	제 19기 연간	제 18기 연간
전사			18	9	10
			8	7	1
			2	1	4
	합 계		28	17	15

(2) 당기의 가동률

(단위 : 시간, %)

사업소(사업부문)	가동가능시간	실제가동시간	평균가동률
	25,767.7 Hrs	14,509.7 Hrs	56.31%
합 계	25,767.7 Hrs	14,509.7 Hrs	56.31%

위의 화면은 전자공시에 나와 있는 어느 기업의 사업의 내용 중 공장 가동률을 보여주고 있다. 모든 상장 기업들이 공장 가동률을 사업의 내용에 포함시키는 것은 아니다. 예를 들어 서비스업종에 속한 회사라면 생산 공장 자체가 없기 때문에 가동률을 적을 수 없다. 제조업임에도 불구하고 투자하고자 하는 회사의 공장 가동률이 사업의 내용에 나와

있지 않다면 주식IR담당자를 통해서 확인을 하면 된다.

만일, 상식적으로 맞지 않는 매출액 정체, 공장 가동률 상승은 나의 수많은 기업탐방 경험상 제품 가격 하락이나 생산 수율 하락이 주된 요인이다. 그 원인이 제품가격 하락이라면 이는 기업이 경쟁력을 점점 잃고 있거나 산업의 경쟁이 점점 더 치열해져 가고 있다는 나쁜 조짐이다. 이는 모든 산업에서 공통적으로 발생을 한다. 경쟁업체와 차별화를 이루지 못하면 고객에게 해 줄 수 있는 것은 단지 제품 가격을 남들보다 싸게 해 주는 일밖에 없다. 만일 부품을 생산하는 회사라면 기업의 생산 수율이 나쁘다는 것을 의미할 수도 있다. 특히, IT 부품회사가 신제품을 새롭게 개발해서 신규 거래처에 처음 공급하는 상황에서 수율 문제가 발생하는 경우가 많다. 이는 생산원가의 상승으로 이어져 기업의 영업이익을 심하게 훼손한다. 생산 수율이란, 전체 생산 제품 중에서 고객사가 요구하는 사양대로 생산이 된 제품의 비율을 의미한다. 만일, 10개를 생산하였는데 고객사에게 납품할 수 있는 개수가 5개이고, 나머지 5개는 불량품이라서 폐기처분해야 한다면 그 기업의 생산원가는 아주 높아지게 된다.

나는 기업탐방 초기에 단순히 공장 가동률이 올라가고 있다는 주식 IR담당자의 설명만을 듣고 투자했다가 실패한 경험이 있었다. 공장 가동률 상승은 당연히 제품 생산의 증가와 매출의 증가로 이어져야 한다. 그러나, 그 기업의 매출은 공장 가동률의 상승을 따라가지 못했는데 그 부분을 체크하지 못했고 결국 기업 실적 악화로 나의 투자는 실패했었다. 가동률 상승, 매출액 정체의 구체적인 원인은 주식IR담당자에게 문의를 하면 가르쳐 줄 것이다. 이쯤에서 기존에는 미처 생각하지 못했던 내용까지 내가 체크를 한다는 사실에 적잖이 놀랐을 것이다. 내가 얼마나 철저히 기업을 분석하는지 계속해서 말씀드리겠다.

당장 내일 지구가 멸망해도 우리 기업은 올해 10% 이상은 성장해요!

기업탐방 시 가장 먼저 그리고 항상 질문하는 내용은 바로 기업이 예상하는 매출액과 영업이익이다. 상반기에 기업을 탐방했다면 올해 회사가 전망하는 기업의 매출액과 영업이익을 질문한다. 연초에 기업을 탐방하여 내년도 회사가 전망하는 실적을 질문한다면 십중팔구 주식IR담당자는 올해 목표 실적을 달성하기 위한 구체적인 계획도 수립하지 못했는데 내년도 실적은 지금 생각도 하지 못하고 있다고 답변할 것이다. 적어도 상반기가 지난 하반기에 기업을 탐방해서 내년도 회사가 전망하거나 목표로 하는 실적을 질문해야 답변을 얻을 수 있을 것이다. PER에 대한 자세한 설명에서 살펴보았듯이 주가에 결정적으로 영향을 미치는 실적에 대한 질문은 무엇보다도 중요하다.

실적과 관련된 질문에 대한 주식IR담당자의 답변은 신뢰를 할 만한 주식IR담당자인지 아닌지를 판단하는 중요한 근거가 된다. 올해 예상 실적에 대해서 구체적인 근거를 가지고 설명을 하는 주식IR담당자가 있는 반면 작년에 매출액이 얼마였기 때문에 올해는 얼마의 매출액을 예상한다고 답변하는 주식IR담당자도 많이 있다. 후자의 답변은 단지 기업이 달성하고 싶은 매출액과 영업이익 목표이기 때문에 당연히 신뢰성은 떨어진다. 기업의 실적과 관련된 근거가 부족한 목표는 시장 상황이 조금만 기업이 예상치 못한 방향으로 흐르면 달성하지 못하기 때문이다.

실제로 기업을 탐방해서 실적과 관련된 나의 질문에 모든 주식IR담당자는 전년보다 올해는 10% 이상 성장할 것이라고 답변을 했었고, 지금도 기업을 탐방하면 항상 듣는 이야기가 전년대비 최소 10% 이상 성장한다는 주식IR담당자의 주장이다. 기업을 탐방하는 대부분의 사람들은 이러한 주식IR담당자의 이야기를 액면 그대로 받아들일 것이다. 나 역시 기업탐방 경험이 2~3년 이내로 적었던 시기에는 주식IR담당자의 이러한 주장을 곧이곧대로 받아 들였었다. 그러나, 기업탐방이 후 시간이 흐른 뒤 기업의 실적이 당초 주식IR 담당자의 전망과는 크게 다르게 발표되는 일이 많아지면서 나는 왜 그런 일이 발생하는지 고민을 하게 되었고, 내가 내린 결론은 다음과 같다. 이 역시 다분히 기업탐방 경험에서 나온 나의 주관적인 판단이다.

여러분이 어느 중견 기업의 경영계획을 담당하는 임원이라고 가정을 해 보자. 여러분은 매년 연초에 임원회의에서 회사 CEO에게 올해의 경영 목표를 발표해야 한다. 현재 대한민국의 연 평균 경제성장률은 3% 내외이다. 이러한 사실은 회사의 CEO 역시 너무도 잘 알고 있다. 따라서, 회사의 CEO는 자신이 경영하는 회사에 큰 문제가 발생하지 않는다면 기본적으로 3% 내외 성장은 매년 할 것으로 기대를 할 것이다. 여러분이 만일 올해는 전년대비 3%만 성장하겠다는 목표를 세우고 CEO에게 보고를 하였을 때, '아이고, 어려운 목표를 계획하고 준비하느라 고생 많이 하셨습니다'라고 칭찬을 해 줄 대한민국 CEO는 아무도 없을 것이다. 그러한 경영 계획을 보고받는다면 '그 정도의 목표는 구체적인 실행 계획을 세우지 않더라도 달성이 가능할 텐데 내가 왜 비싼 월급을 주면서 당신을 고용해야 합니까?'라고 CEO는 크게 야단을 칠 것이다.

따라서, 모든 기업의 경영계획을 수립하는 임원은 특별히 준비중인 신제품이나 추진중인 신사업이 없더라도 전년대비 최소 10% 이상은 성장하겠다는 목표를 세워야 하며 이는 자연스럽게 기업의 올해 실적 목표내지는 전망치가 되는 것이다. 그리고, 자연스럽게 주식IR담당자를 통해서 주식시장에 알려지게 되는 회사의 실적전망이 되는 것이다. 회사에서 개인 실적으로 평가를 받는 영업사원이나 경영계획을 수립하는 업무를 담당하는 독자는 나의 생각에 전적으로 동감할 것이다. 주식 IR담당자가 전하는 구체적인 계획이 없는 10% 이상 성장할 것이라는 회사의 실적 전망은 대부분 이렇게 세워지고 있으며, 운이 좋으면 달성이 가능하고 그렇지 못하면 달성하지 못하는 실적 전망이 되는 것이다.

기업의 구조조정, 어떻게 봐야 하지?

기업 구조조정이 한창 진행중인 기업을 탐방 가는 일은 쉽지 않다. 복잡하고 긴박하게 돌아가고 있는 상황에서 기업탐방까지 신경을 쓸 여력이 기업입장에서 없기 때문이다.

1) 기업의 구조조정은 어떤 이유에서든 기존 경영활동의 실패이다

일반투자자들이 착각하기 쉬운 것 중 하나가 바로 기업이 구조조정을 진행한다면 성장을 위한 준비과정으로 받아들이는 것이다. 비효율적인 조직을 정비하고, 적자가 나고 있는 사업부문을 매각하고, 빌딩이나 유휴 설비시설을 매각해서 필요 자금을 마련하며, 불필요 인력을 줄이는 일련의 기업 구조조정은 단기적으로 기업의 적자를 줄이거나 영업이익을 늘려주는 것은 분명 맞다. 그러나, 이는 성장을 위한 준비는 결코 아니다. 그동안 기업의 경영활동이 어려워졌거나 비생산적이었기 때문에 구조조정을 하는 것이며 따라서 일단 기존의 기업 경영은 실패였다는 사실을 일반투자자들은 알아야 한다.

대한민국을 대표하는 삼성전자는 한번도 구조조정을 하지 않았다는 사실을 떠올리면 누구나 공감을 할 것이다. 따라서, 기업 구조조정은 결코 2보 전진을 위한 1보 후퇴가 아니라 생산설비나 인력 구조조정으로 성장을 위한 출발점이 한 단계 낮아지는 것을 기억하기 바란다. 여기서 정말 중요한 사실은 미래 성장을 위해서 잘 이루어진 기업의 구조조정인지, 아니면 당장은 살아남더라도 다시금 경쟁력을 잃게 될 나쁜 구조조정인지 판단하는 것이고, 그 판단기준은 구조조정 과정에서도 핵심사업을 얼마나 지켜 내느냐이다. 이는 기업탐방을 통해서 판단이 가능하다.

2) 나쁜 기업 구조조정의 사례

첫째, 성장은 감히 상상도 못하고 당장 살아남기 위한 절박한 상황에 이르러서 기업 구조조정을 하는 경우이다. 이는 가장 나쁜 기업구조조정이라고 생각을 한다. 미리 구조조정을 진행했다면 보다 수월한 구조조정을 통해서 어려운 상황을 극복하였을 텐데, 그 시기를 놓침으로써 더 큰 고통이 따르는 기업 구조조정을 하는 기업들이다. 그 대표적인 사례가 바로 한진해운의 기업 구조조정이었다. 오랜 해운업 불경기를 버티지 못하고 한진해운은 구조조정 과정에서 살아남기 위해서 가지고 있던 선박마저 매각을 하였다. 설령 기업 구조조정을 통해서 살아남는다 하여도 수출입 물동량을 실어 나를 선박이 없는데 어떻게 해운업을 지속할 수 있겠는가? 결국, 한진해운은 파산을 하였다.

자신의 마지막 남은 무기마저 팔았을 때 이미 결과는 정해져 있었다. 한진해운의 주가는 2017년 2월 결국 상장폐지되었다. 그런데, 상장폐지 바로 직전 한진해운 주가는 300원대에서 무려 5배나 상승을 했었다. 이는 개인투자자들간의 단타거래의 결과였으며, 마지막으로 한진해운 주식을 잡은 일반투자자는 큰 손실을 입었을 것이다. 물론, 한진해운 주식의 단타거래로 단기간에 큰 수익을 낸 일반투자자도 분명 있을 것이다. 한진해운 파산의 사례를 잘 기억해두고 핵심 경쟁력마저 팔아 치운 기업들의 결과는 파산이라는 사실을 잊지 말고 더는 이러한 주식투자로 큰 피해를 입지 않았으면 좋겠다.

둘째, 산업의 쇠퇴화나 전방산업의 축소에 따른 어쩔 수 없는 생산설비와 인력 구조조정의 경우이다. 나의 경험상 이러한 구조조정의 유형은 적자 폭 축소나 소폭의 영업이익 흑자 전환은 가능하나 어두운 과거를 정리하고 글로벌기업으로 거듭난 사례를 나는 기억하지 못한다. 특히, 기술적 난이도가 높은 고급 생산인력 양성에 많은 시간과 노력이 필요하며, 생산설비를 증가시키는 데 시간이 많이 필요한 기업들은 한번 구조조정을 하면 다가올 호황 국면에서 경쟁기업보다 당연히 뒤쳐지게 된다. 대표적인 산업이 바로 반도체와 조선업이다. 물론, 경쟁기업의 쇠퇴로 반사이익을 얻는 관련 부품회사들은 존재할 것이며, 내 경험상 반사이익을 얻는 기업들의 주가 상승은 상당히 높았다. 조선업종의 세진중공업이 그 후보로 생각된다.

3) 성장의 희망이 보이는 기업 구조조정

뼈를 깎는 구조조정 과정에서도 핵심사업은 끝까지 지켜낸 기업이 과거에 있었다. 바로 현재의 SK하이닉스가 구조조정을 가장 잘 한 기업이 아닌가 생각된다. 과거 현대전자 시절 대만, 일본 반도체 회사들과의 치열한 치킨게임 과정에서도 핵심사업인 메모리반도체에 대한 투자는 지속하였다. 반도체, 통신, 멀티미디어 사업구조를 가지고 있었던 현대전자는 한때 걸리버라는 브랜드로 유명한 개인휴대통신(PCS)사업도 영위하고 있었다. 그러나, 사업이 어려워지자 현대전자는 메모리

반도체 사업에만 집중을 하면서 결국 치킨게임의 승자가 되었고 현재
는 아주 많은 돈을 버는 대한민국 핵심기업이 되었다.

또한, 신기술 개발이나 신사업 진출을 위해 부실 사업부 정리를 통
한 구조조정 역시 이상적인 구조조정의 사례이다. 예를 들어서 신세계
I&C의 경우 그룹 계열사인 이마트와 협력으로 해왔던 저수익 알뜰폰
사업을 중단하고 그룹 간편결제 사업인 SSG머니 사업에 집중하면서
가시적인 성과가 기대되는 상황이다.

신기술개발, 진짜일까?

　나는 IT관련 회사들의 기술 경쟁력을 파악하기 위해서 관련회사에 다니는 친분이 있는 엔지니어분들을 주기적으로 만나서 소주 한잔 하면서 최근의 기술적 트렌드와 새롭게 떠오르고 있는 기업들에 대해서 이야기를 듣고 있다. 몇 년 전 대기업이 만드는 스마트폰에 적용되는 기술을 개발하는 회사와 관련된 엔지니어로부터 들은 내용을 이야기하고자 한다. 대기업의 스마트폰 사업부에 근무하는 개인적으로 친분이 있는 엔지니어는 어느 날 스마트폰 부품을 생산하는 중소회사가 자신이 다니고 있는 회사를 방문해서 진행하는 기술 시연회에 참석을 했다고 한다. 그 중소기업은 스마트폰을 생산하는 대기업들이 오래전부터 개발 중인 혁신기술을 개발했다고 연락을 해 왔고, 당연히 대기업은 기술 시연회를 통해서 먼저 기술개발이 되었는지 확인을 하고 신기술이 적용된 부품을 납품 받을 계획이었다. 그리고, 친분이 있는 엔지니어는 당연히 실무자인 관계로 기술 시연회에 참석을 했었다고 한다.

　그런데, 막상 기술 시연회에서 중소기업이 개발했다고 주장하는 기술은 전혀 작동이 되지 않았다고 한다. 엔지니어 이야기는 기술 시연회를 한 중소기업이 연구소에서 관련 기술개발을 하다가 어쩌다가 우연히 기술이 작동을 한 것이었다고 말해 주었다. 또한, 기술이 개발이 되어도 상업화는 또 다른 문제라고 이야기해 주었다. 즉, 신기술은 대량생산 시 대부분 수율 문제가 발생을 하며 대량생산이 가능할 정도의 수준이 되어야 진정한 의미의 신기술인 것이다. 물에서 전기를 생산하는 신기술을 개발하였다는 뉴스, 피 한 방울로 모든 종류의 암 진단이 가능한 기술을 개발하였다는 뉴스를 기억하는 일반투자자가 있을 것이다. 그러나, 그런 혁신적인 신기술들이 실제 상용화되었다는 기사는 아직까지 접하지 못했다. 그만큼 혁신적인 IT기술개발도 항암치료제 개발만큼 어렵다는 이야기이다. 실제로 나는 20년 이상 증권회사에 다니면서 경험한 혁신적인 기술 개발은 애플의 아이폰 개발 단 한 건이었던 것 같다.

그렇다면, 현실적으로 가장 이상적인 기업의 신기술개발은 과연 어떤 것일까? 기존에 하던 영업을 더 잘 하기 위해서 주식시장의 큰 관심을 끌지는 못하더라도 꾸준히 기술개발에 투자를 하는 기업이 결국은 좋은 성과를 낸다고 생각한다. 그 대표적인 기업이 바로 삼성전자이다. 삼성전자의 최고급 하이엔드 스마트폰인 갤럭시 S시리즈를 보면 매년 출시되는 신상품이 전년도제품과 비교해서 크게 변화가 생겼다고 일반인들이 피부로 느끼지 못하지만, 몇 년 전의 갤럭시S와 비교를 하면 성능, 기능, 디자인 등에서 크게 발전한 것을 금방 느낄 수 있다. 오랫동안 기업을 탐방하면서 느끼는 것은 결국 신기술개발이란 이런 식으로 기존에 하던 영업을 더 효율적이고 편리하게 하는 기술개발이 대부분이며, 어찌 보면 가장 현실적인 기술개발이라고 생각한다. 일반투자자들을 유혹하는 혁신적인 신기술개발이란 뜬구름 잡기식의 사실상 공허한 허상인 경우가 대부분이다. 그리고, 이렇게 착실히 기술개발을 진행 중인 기업은 기업탐방을 통해서만 정확하게 파악을 할 수 있다.

호재성 기사가 떴다고?

보이스피싱에 당하지 않도록 하는 정부와 언론의 홍보가 늘어나면서 보이스피싱은 점점 더 지능화 되고 교묘해지고 있다. 대부분의 상장기업은 건전하게 기업을 운영하고 있다. 그러나, 극히 일부 기업들은 보이스피싱과 다를 바 없을 정도로 일반투자자들이 주식을 매수하도록 유혹하는 호재성 기사를 내는 것을 가끔씩 경험한다. 그 방법도 예전과는 다르게 아주 신선하고 그럴듯한 내용들이 계속해서 생겨나고 있다. 내가 너무 심하게 말을 한 것 같다. 그러나, 정말로 이런 쓰레기 기업들은 거래소에서 당장 퇴출되어야 한다고 느끼는 경우가 있다. 그런데, 왜 도대체 이런 보이스피싱 같은 호재성 기사들은 끊임없이 생겨나는 것일까? 인간의 탐욕이 이성적인 판단을 마비시키고, 그런 주식투자자의 탐욕을 교묘하게 이용하는 기업들이 존재하기 때문에 지금도 주식시장에서는 거의 매일 호재성 기사가 생겨나는 것 같다. 먼저, 올해 내가 겪은 사례부터 소개하겠다.

어느 날 회사 근처 아파트에 살고 계신 60세 내외의 남자 고객이 사무실을 방문해서 종목상담을 해 드린 적이 있었다. 그분은 대한민국 국민이라면 누구나 잘 알고 있는 대기업의 CFO 출신이라고 본인을 소개하셨다. 그리고, 지인의 추천으로 특정 주식을 매수하였는데 추천 사유는 '이 주식 매수하세요. 그러면 돈이 좀 될 겁니다'였다. 혹시나 구체적인 종목 추천의 이유가 있는지 나는 다시 한번 여쭤 보았고, 그 고객으로부터 돌아온 답변은 '그게 다 입니다'였다. 역시나 주식시장은 무서운 것이라는 사실을 개인적으로 다시 한번 깨닫는 순간이었다. 글로벌 대기업에서 오래 근무를 하셨는데, 그것도 CFO까지 하신 분인데 어떻게 돈이 될 거라는 막연한 말 한마디에 수억 원이나 되는 재산을 투자할 수 있는지 도통 이해가 되지 않았다.

'이 땅 사두면 돈이 될 겁니다'라는 부동산 중개업자의 말 한마디에 수억 원을 땅에 투자하는 대한민국 국민은 아마 없을 것이다. 그런데 왜 유독 주식시장에서는 이런 말도 안 되는 일이 생기는지 누가 나한테 설명 좀 해 주었으면 좋겠다. 아무튼 나는 '상담을 요청한 주식을 분석한 뒤 내용을 말씀드리겠다'라고 말을 하고 상담을 끝냈다. 그 고객이 요청한 주식이 무엇을 하는 회사인지는 언급하지 않도록 하겠다. 해당 주식의 주가는 최근에 50% 가까이 상승을 하였다. 그리고, 기업의 뉴스를 검색해 본 결과 최근 주가를 상승시킨 호재성 기사는 크게 3가지였다. 뉴스를 검색하고 나서 나는 회사에 전화를 해서 주식IR담당자와 3가지 호재성 기사에 대해서 대략 10분 정도 통화를 하였다. 그렇게 해서 내가 파악한 내용 중 한 가지 호재성 기사에 대해서만 이야기를 하고자 한다. 3가지 재료를 다 구체적으로 이야기한다면 어느 회사인지 알아차릴 투자자가 많이 있을 것 같다.

그 기업은 최근에 해외 특정회사와 기술 개발과 관련된 MOU를 체결하였다. 서로의 제품에 적용 중인 기술을 융합하여 시너지를 극대화한 제품을 개발하겠다는 뉴스였다. 다시 한번 말씀드리면 MOU는 법적 구속력이 전혀 없는, '같이 한번 해보자'는 의기투합 정도로 이해하면 될 것이다. 대부분의 기업간 공동 기술연구개발은 합작법인 형태의 연구소를 설립하고 진행을 하는데, 기술 개발은 어떤 식으로 진행할 것이냐는 나의 질문에 주식IR담당자는 연구원들이 서로의 회사를 오가면서 기술 개발을 할 것이라고 답변을 해 주었다. 합작 연구소를 설립하고 연구에만 몰두를 해도 기술개발이 쉽지 않은데 연구원들이 해외를 오가면서 기술 개발을 한다면 그 성과는 뻔해 보인다. 물론, 대부분의 일반투자자들은 이런 호재성 기사를 접하면 '기술 개발을 하는구나'라고 생각을 하고 해당 주식을 매수할 것이다. 나머지 다른 하나의 호재성 뉴스는 더 황당한 내용이었다. 마치, 에베레스트 산을 평지로 개발해서 태양광 사업을 하겠다는 식의 호재성 기사였다.

한 번 들으면 긴가민가하지만, 두 번 들으면 확신이 생기며, 세 번 들으면 기정 사실로 받아들인다

어느 유명 프로 골퍼는 '하루 연습을 하지 않으면 본인이 느끼고, 이틀 연습을 하지 않으면 캐디가 눈치를 채고, 사흘 연속 연습을 안 하면 갤러리도 예전과 다르다는 것을 알아차린다'라는 유명한 골프 관련 명언을 하였다. 의미는 사뭇 다르지만, 주식시장에서도 호재성 기사를 받아 들이는 모든 시장 참여자들에 해당되는 내가 생각하는 문장이다. 대부분의 시장 참여자들은 특정 내용의 호재성 재료를 주변의 한 명으로부터 듣게 되면 진짜인지 일단 긴가민가해한다. 그러나, 똑같은 내용을 또 다른 사람으로부터 듣게 되면 이제 진짜라고 확신을 가지게 된다. 여기에 더해서 또 다른 제3의 인물로부터 같은 이야기를 들으면 이제 기정 사실로 받아들인다.

수 개월 전, 아주 친한 지인이 특정 주식의 종목 추천을 유명 애널리스트 강의에서 들었다고 나한테 이야기를 해 주었다. 그리고, 또 다른 증권사 직원으로부터 같은 내용의 같은 종목 추천을 받았다고 이야기를 해 주었다. 실제로 내용을 파악을 해 보니 그 기업과 경쟁관계에 있었던 해외 기업이 2017년도에 파산을 해서 수혜를 입을 것이라는 내용을 많은 사람들이 알고 있음을 확인할 수 있었다. 나는 즉시 회사에 전화를 하기로 마음을 먹고, 먼저 전자공시에 있는 사업의 내용을 자세히 살펴보았다. 실제로 그 기업은 수혜를 입을 것이라고 알려진 제품 생산 설비 시설을 2017년도에 전년대비 두 배로 크게 늘렸다. 그러나, 공장 가동률은 2016년도보다 절반으로 줄어들어 있었다. 즉, 생산설비만 늘린 상태이고 실제로는 주문 증가는 전혀 없었다. 나는 해당 회사에 전화를 걸어 주식IR담당자에게 그 부분을 집중적으로 질문하였고, 주식IR담당자는 2017년도 해외 경쟁회사가 파산을 하였고 고객으로부터 주문을 더 많이 받기 위해서 일단 생산설비를 먼저 늘렸다고 이야기를 해 주었다.

먼저 생산설비를 늘리고 나서 고객에게 영업을 해야 주문을 더 많이 받을 가능성이 높은 업계 관행을 따랐다는 것이었다. 물론, 이는 아주 위험한 설비투자인 것이다. 만일, 고객으로부터 주문을 추가로 더 많이 받질 못한다면 이는 과잉 설비투자가 되며 감가상각비와 고정비 증가로 기업에 큰 부담이 되는 것이다. 문제는 2017년도 파산한 해외 경쟁기업은 다른 제품에 심각한 문제가 발생해서 파산을 한 것이며, 국내 기업과 경쟁 관계에 있는 제품 생산은 다른 해외 업체가 인수를 해서 지금도 생산을 계속하고 있다는 사실이었다. 내가 강조하고 싶은 것은 아무리 주식시장에 잘 알려진 호재성 기사라도 실제로 기업을 탐방해서 주식IR담당자에게 정확하게 질문해서 파악하지 않으면 아주 위험한 주식투자가 될 수 있다는 사실이다.

지극히 상식선에서 생각하자

보이스피싱과 같은 호재성 기사에 현혹이 되지 않기 위해서 우리 일반투자자들이 할 수 있는 일은 지극히 상식선에서 생각하고 받아들이는 행동을 계속해서 반복 훈련하는 것이다. 나는 그런 호재성 기사를 구별하는 능력이 누구보다 뛰어나다고 자부를 한다. 그리고, 그런 능력은 10년 이상 기업탐방을 진행하면서 기업과 관련된 호재성 기사를 접하면서 상식선에서 진위여부를 고민하고 스스로 해결함으로써 가능해졌다. 누구라도 어떤 분야에서 1만 시간을 투자한다면 전문가가 될 수 있다는 1만 시간의 법칙을 익히 잘 알고 있지 않은가? 나 역시 오랜 시간 훈련하고 노력하면서 내 분야의 전문가가 되었다고 생각한다. 이런 능력을 기르는 데 남들은 모르는 특별한 비법이 있겠는가? 호재성 기사를 접할 때마다 메모를 하고 호재성 기사가 실제로 기업 실적에 기여를 하는지 추적, 관찰을 하는 습관을 기르고 오랜 시간 훈련을 하면 누구나 호재성 기사를 구별하는 능력이 생길 것이다. 그저, 주식투자 실패에 속상해하고 잊어버리면 또 다른 그럴듯한 호재성 기사에 다시 당하게 될 것이다.

환율, 금리, 통화량? 환율 말고는 별거 없어요

여기서는 거시경제 지표들이 기업의 실적에 미치는 영향에 대해서 명확하게 한번 짚고 넘어가 보자. 10년 이상 기업탐방을 진행하면서 내가 온몸으로 체감한 거시경제 지표와 기업 실적의 상관관계이다. 그러나, 너무 많은 것을 기대하였다면 이쯤에서 기대감을 버리시길 바란다.

금리와 대한민국 기업의 상관관계

먼저, 금리가 기업의 실적에 미치는 영향에 대해서 살펴보자. 1990년 대까지만 하더라도 주식시장에 가장 큰 영향력을 미치는 요인이 무엇인지 손가락으로 꼽으라면 나는 단연코 금리를 첫 손가락으로 꼽을 것이다. 당시에는 금리가 오르면 주식시장은 그야말로 초상집이 되었었다. 투자경험이 오래된 분들은 아주 잘 알고 있을 것이다. 1990년대 상장기업들의 재무구조는 지금과 비교를 하면 아주 열악하였다. 지금은 부채비율이 100% 이하인 기업들을 쉽게 발견할 수 있었지만, 1990년대까지만 하더라도 대부분의 기업들은 부채비율이 기본 200~300%면 양호한 재무구조를 가진 회사였고, 그 이상의 부채비율을 가진 회사들을 쉽게 찾아볼 수 있었다. 소위 말해서 대부분의 기업들이 자기 돈이 아닌 빌린 돈으로 사업을 하던 시기였다. 또한, 금리가 7~8%는 훌쩍 넘던 시기였기에 금리가 기업의 실적과 주식시장에 미치는 영향력이 대단했던 것은 어쩌면 당연했다.

그러면, 지금은 금리가 기업의 실적에 미치는 영향력은 어느 정도일까? 만일, 내일 당장 내가 아무 기업이나 기업탐방을 가서 금리인상이 당신의 회사 실적에 어떤 영향을 미치냐고 질문을 한다면 거의 모든 기업의 주식IR담당자는 당황해하면서 '글쎄요, 한번도 생각해 보지 않아서 잘 모르겠네요'라고 답변할 것이다. 다음의 차트를 보자.

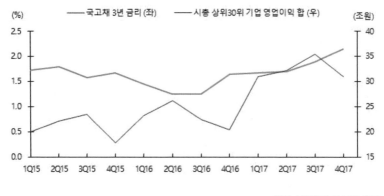

자료: KB증권 리서치 센터

위의 차트는 지난 3년간 대한민국 대표 기준금리와 시가총액 기준 상위 30개 기업의 영업이익 상관관계를 나타내주고 있다. 여러분은 금리와 기업의 영업이익 상관관계를 발견하였는가? 도무지 눈을 씻고 상관관계를 찾아도 발견할 수 없을 것이다. 최근의 상장 기업들의 실적은 금리와 거의 상관관계가 없기 때문에 여러분이나 나도 상관관계를 발견할 수 없는 것이다.

통화량과 대한민국 기업의 상관관계

이쯤에서 통화량이 더더욱 기업의 실적에 아무런 영향을 미치지 못할 것 같다고 판단을 할 독자가 있을 것이다. 바로 정답이다. 이 증권서적을 준비하기 전 나 역시 통화량과 기업 실적의 상관관계조차 생각해보지 않았다. 아마도, 기업탐방을 가서 국내 통화량 변화가 당신 회사 실적에 어떤 영향을 미치냐고 질문을 한다면 주식IR담당자의 십중팔구는 '이런 한심한 친구를 봤나. 뭔 상관관계냐?'라고 속으로 비웃을 것 같다. 그래도 한번, 통화량과 기업실적의 상관관계가 있는지 차트를 한번 보도록 하자.

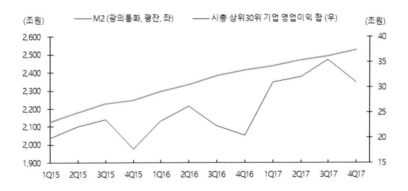

자료: KB증권 리서치 센터

위의 화면은 통화량과 시총 상위 30개 기업의 영업이익의 상관관계를 나타내고 있다. 아니, 정확하게 말하면 상관관계는 전혀 없고 단지 통화량과 기업 영업이익의 합의 그래프를 그저 하나의 차트로 표현해 본 것이다. 전혀 상관관계가 없다고 말할 수 있다. 기업의 실적에는 거시경제지표뿐만 아니라 기업의 기술 경쟁력, 효율적인 제품 생산 능력, 업종내의 기업간 경쟁관계, 전방산업의 상황 등이 종합적으로 영향을 미치기 때문에 통화량만 따로 떼어내서 기업 실적과의 상관관계를 밝히는 일은 결코 쉽지 않을 것이다. 그런데, 환율은 확실히 기업의 실적과 많은 상관관계에 있다.

환율과 대한민국 기업의 상관관계

일단 먼저, 환율과 대한민국 대표 수출기업들의 실적의 상관관계를 살펴보도록 하자.

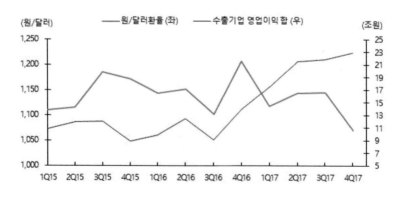

자료: KB증권 리서치 센터

위의 차트는 원/달러환율과 대표 30개 수출기업들의 영업이익 합의 상관관계를 보여주고 있다. 우리가 예상하는 대로 달러 강세시기에 기업의 영업이익은 증가를 하고 달러 약세 시기에는 대체로 기업의 영업이익은 줄어든 적도 있었다. 그러나, 2016년도 4분기 이후 달러 약세 시기에도 수출기업들의 영업이익은 지속적으로 증가를 하고 있다. 경제를 조금이라도 배운 사람들의 상식과는 다른 결과이다. 과연 왜 이런 일이 벌어졌을까?

이미 대한민국 수출기업들은 환율 전문가!

서당개 3년이면 풍월을 읊는다고, 수십 년간 수출로 먹고 살아온 대한민국 대표 수출 기업들은 수많은 시행착오를 거쳐오면서 환율의 변동 시기에 어떻게 대처해야 하는지 기업마다 노하우를 쌓아온 것이다. 그렇기 때문에, 달러 강세 시기에는 우호적인 환율 환경을 최대한 이용하여 돈을 많이 벌어 왔고, 달러 약세 시기에는 최대한 기업의 실적을 방어하는 방법을 자연스럽게 터득한 것이다. 이제부터 달러가 약세가 된다고 수출기업들의 실적을 걱정할 필요는 없을 것 같다. 오히려, 연구개발과 신기술적용 제품 출시여부 등 기업 본연의 경쟁력을 파악하는 일에 더 집중을 하도록 하자.

경쟁 기업, 득일까 실일까?

경쟁기업의 존재가 기업간의 선의의 기술개발 경쟁으로 결과적으로는 경쟁관계에 있는 기업 모두에게 이득일 것이라고 생각하는 투자자가 있다면, 지금 당장 생각을 바꾸길 바란다. 그렇게 생각하는 투자자는 아마도 스포츠 경기, 특히 기록 경쟁 스포츠경기를 너무 자주 보았기 때문일 것이다. 마라톤, 수영, 단거리 육상경기, 스피드스케이팅 등의 경기에서는 경쟁자가 있어야 서로간에 선의의 경쟁을 벌이며 결국은 기록 향상으로 이어지는 긍정적인 측면이 있다. 이를 기업간 경쟁관계로 잘못 확대 해석한 것이다. 10년 이상 기업을 탐방하면서 내가 알게 된 사실은 경쟁 기업의 존재는 기업에는 큰 부담이며, 떨쳐버리고 싶은 거머리 같은 존재이다. 대만, 일본, 삼성전자 등 국내외 경쟁기업과 치열한 치킨게임을 하였을 당시의 SK하이닉스(당시에는 현대전자)와 과점적인 지위를 누리고 있는 현재의 SK하이닉스의 기업 실적과 주가를 비교해 보면, 경쟁기업의 존재유무가 득인지 실인지 누구나 쉽게 판단이 될 것이다.

기업간 치열한 경쟁의 최종 승자는 소비자!

업종 내에 경쟁기업이 증가를 하면서 기업간 경쟁이 치열해질수록 기업들은 경쟁기업과의 차별화를 이루기 점점 힘들어진다. 결국 남는 것은 제품가격 하락이다. 소비 인구수가 한정되어 있는 아파트 단지 상가 1층의 모든 상점이 벽지를 판매하고 있다고 가정을 해 보자. 상점마다 특징이 있는 벽지를 팔 수도 있겠지만 궁극적으로 모든 상점은 다른 상점과의 차별화에 실패할 것이고, 조금이라도 벽지를 더 많이 팔기 위해서 최대한 판매 가격을 계속해서 낮출 것이다. 이것은 결국 소비자에게만 이득을 가져다 주는 결과가 될 것이다. 이는 모든 업종에 해당이 된다. 어느 증권사가 경쟁관계에 있는 증권사보다 더 좋은 서비스를 제공해 주지 못한다면 고객을 계속해서 붙잡기 위해서는 마지막으로 할 수 있는 것이 제품 가격 인하, 즉 거래 수수료를 낮추어 주는 것이다. 따라서, 경쟁관계에 있는 기업이 많은 업종은 일단 투자대상 업종에서 제외를 시키는 일이 맞는 듯하다.

경쟁력이 있는 기업은?

기업탐방을 200회 이상 하면서 자연스럽게 터득한 사실은 회사의 업력이 오래되었으나 경쟁 기업의 수가 적어서 어렵지 않게 돈을 버는 기업들이 바로 경쟁력을 가지고 있는 기업들이다. 지금 당장 기억이 나는 기업들로는 삼성전자, NAVER, 아모레퍼시픽(고가 화장품) 등이다. 이들 기업은 해당 업종에서 오랜 기간 동안 치열한 경쟁관계를 통해서 승자가 되었으며, 앞으로도 새로운 경쟁회사들이 쉽게 진입할 수 있는 환경을 만들어 주지 않을 것이다. 앞으로 새로운 경쟁회사가 등장할 예정이라면, 이미 등장했어야 했다. 돈이 되는 곳에는 대한민국 국민이 있다는 사실을 다시 한번 기억하자. 새로운 경쟁기업의 진입이 쉽지 않다는 사실을 지금까지의 기업 영업 현황이 말해 주는 것이다.

5년만 버티면 지긋지긋한 경쟁으로부터의 해방!

그동안 기업탐방을 하고 탐방을 다닌 회사들을 꼼꼼히 정리하고, 회사의 실적을 계속 업데이트하면서 알게 된 사실은, 아무리 경쟁력을 갖춘 기업이라도 대부분 5년 이상 태평성대를 누리지 못한다는 것이다. 아무리 독보적인 기술을 가진 기업이라고 주식시장에서 극찬을 해도 대부분의 기업들은 5년 안에 새로운 경쟁자와 치열한 생존경쟁을 해야 하는 모습을 아주 많이 지켜봤다. 5년이라는 시간이면 제2부에서 언급한 반도체 산업을 제외하고는 모든 업종에서 신규로 진입을 해서 기존의 독점적인 위치에 있는 기업을 위협하기에 충분한 시간인 것 같다.

인간세계에서 도저히 따라갈 수 없는 능력과 기술을 가진 사람은 절대로 없다고 나는 생각한다. 따라서, 내가 생각하는 최소한의 시간은 5년이며, 5년간 새로운 경쟁자의 등장 없이 기존 사업에서 독보적인 성과를 계속해서 이룬다면 그 기업은 진정으로 누구도 쉽게 따라잡기 어려운 경쟁력을 지닌 것이며, 최소 10년 간은 큰 어려움 없이 순항을 할 것이다. 물론, 내 주장을 입증할 데이터는 없지만 수많은 업종에서 기업간의 경쟁관계를 지켜보면서 내 경험으로 판단한 기준이다.

제5부

프로처럼 주식IR담당자에게
전화하기

주가가 폭락한 상황에서 기업을 탐방하면 기업IR담당자들의 십중팔구는 피곤한 기색이 역력하다. 주가가 빠져서 속상한 것보다는 일반투자자들의 항의 전화에 대응하느라 진이 다 빠져서이다. 인터넷 주식카페 종목 토론 게시판에는 주가가 크게 하락을 하면 회사에 항의 전화를 하자고 부추기는 투자자들의 글이 도배를 이룬다. 그렇게 일반투자자들은 투자한 회사의 주가가 폭락을 하면 해당 회사 주식IR담당자에게 전화를 해서 '주가가 이렇게 빠지는데 회사는 왜 가만히 있냐. 자사주 매입이나 주주 배당금액을 크게 높이는 등의 주가 안정대책을 세우라'고 항의 전화를 한다. 전화를 하는 투자자는 한 번이지만 수많은 일반투자자의 항의성 전화를 받는 IR담당자의 입장은 어떻겠는가! 심한 경우 욕설이나 협박을 하는 투자자도 있다고 한다. 경험이 적은 IR담당자는 그런 상황에서 심한 스트레스를 받았었다고 기업을 탐방한 나에게 하소연하는 경우가 많다. 우리와 같은 직장인인 주식IR담당자가 무슨 잘못인가? 스스로 판단해서 잘못 투자한 본인을 탓하는 것이 맞는 것이다.

현실적으로 쉽지 않은 기업탐방

사실, 개인들이 기업탐방을 직접 가는 일은 현실적으로 쉽지가 않다. 주식IR담당자가 탐방을 받아 줄 수 있는 횟수는 많아야 하루에 2~3회

정도이다. 주식IR담당자는 기업탐방뿐만이 아니라 주주총회 관련 주주명부 작성, 분기/연간 실적공시, 대주주의 보유주식 변동 내용 공시, 회사 현황과 관련된 모든 수시 공시 등의 여러 업무도 병행하기 때문이다. 수많은 일반투자자들의 기업탐방을 모두 받아 준다면 기업의 주식IR담당자의 업무는 마비가 될 것이다. 또한, 기업탐방자 입장에서도 차례를 기다린다면 1년도 넘을 것이다. 그렇기 때문에 대부분의 상장 회사들은 증권사 애널리스트, 기관투자자, 외국인투자자, 증권사 본사 기관이나 외국인 상대 영업직원, 지점 PB정도만의 기업탐방을 받아 주고 있다.

여기서는 현실적으로 기업탐방이 어려운 일반투자자가 주식IR담당자에게 어떻게 전화를 해서 원하는 정보를 최대한 얻을 수 있는지 구체적인 스킬에 대해서 설명하고자 한다. 수많은 기업탐방을 통한 나의 경험이 그대로 녹아 있는 내용들이다. 아래의 내용만 충분히 숙지를 해도 기업탐방만큼의 기업 분석효과가 있을 것이라고 나는 자신 있게 말할 수 있다.

주식IR담당자 전화번호 찾기

인터넷의 발달로 요즘은 누구나 원하는 정보를 언제 어디서든 쉽게 얻을 수 있다. 주식IR담당자의 전화번호를 찾는 일은 누구든지 가능하다. 현재 주식 거래를 HTS에서 하고 있는 투자자라면 전화를 하고자 하는 회사의 주식IR담당자의 전화번호를 찾는 일은 아주 쉽다.

General Information [2016/12]			
주소			
홈페이지		회사영문명	
대표번호		IR 담당자	
대표자		계열명	
설립일	2002/09/19	상장일	2008/05/20
명의개서	KEB하나은행	공고신문	한국경제, www.hites.co.kr
주거래은행	KEB하나은행	감사인	삼화회계법인
종업원수	272	감사의견	적정의견
재평가일		구기업명	-

지금 거래하고 있는 증권사 HTS 시스템에서 전화하고자 하는 기업의 현재 주식 가격을 보여주는 화면의 기업상세정보를 클릭하면 상장기업분석 화면이 자동 생성된다. 대부분의 기업IR담당자의 전화번호는 기업개요에서 쉽게 찾을 수 있다. 간혹 틀린 전화번호인 경우도 있다. 회사의 전화번호가 바뀌었는데 이를 업데이트 하지 않았기 때문이다. 이런 경우에는 회사의 인터넷 홈페이지에 들어가서 회사 대표번호로 전화를 해서 주식IR담당자를 찾으면 친절히 연결해 준다. 전화하고자 하는 회사의 주식IR담당자의 전화번호를 찾았으니 이제 프로답게 주식IR담당자와 실제 통화를 해 보자.

자기 소개는 이렇게

자신이 현재 투자하고 있거나 투자를 원하는 회사에 전화를 해 본 경험이 전혀 없는 일반투자자는 처음에 무슨 말부터 시작해야 할지 걱정이 앞설 것이다. 그래서, 투자하고 있는 회사의 주가가 하락을 해서 주식IR담당자에게 전화를 해 보고 싶었으나, 뜻을 이루지 못한 일반투자자들이 많을 것이다. 이는 증권회사 PB도 크게 다르지 않다. 경험이 없다면 누가 무엇을 하든 새롭고 두려운 것이다. 내가 추천해 드리는 자기 소개는 다음과 같다.

- 안녕하세요? 저는 ○○ 주식을 오랫동안 보유하고 있는 일반투자자 ○○○입니다. 현재 손실이 좀 있는 편이고 오랫동안 지켜보면서 회사에 대해서 몇 가지 궁금한 점이 있어서 전화를 드렸습니다.
- 안녕하세요? 저는 ○○ 주식을 어찌하다가 꾸준히 매수해서 현재 꽤 많이 보유하고 있는 일반투자자 ○○○입니다. 보유하게 된 지 꽤 오래 되었고, 현재 손실이 좀 큰 상태이고 몇 가지 회사에 대해서 궁금한 점이 있어서 전화 드립니다.

중요한 포인트는 두 가지이다. 주식을 매수해서 오랫동안 회사를 지켜 봐 왔다는 점을 강조해야 한다. 대부분의 주식IR담당자는 단타를 하는 일반투자자들의 항의성 전화에 지쳐 있다는 사실을 꼭 기억하자. 오랫동안 주식을 보유하고 있다는 사실 하나만으로도 주식IR담당자의 전화 목소리는 한결 부드러워질 것이다. 그리고, 회사 내용을 잘 알고 있을 것이라고 생각하고 질문에 성실히 답변해 줄 것이다. 또한, 손실인 상태라고 말하는 것도 경험상 많이 도움이 된다. 수익이 큰 상태라고 전화한다면, 주식IR담당자는 '자랑하려고 전화했나!'라고 생각할 것이다. 아무래도 수익이 났다고 하는 것보다는 손실인 고객에게 함부로 대하지 못하기 때문이다.

참고로, 주식IR담당자와의 첫 통화 시 나의 소개는 다음과 같다

- 안녕하세요? ○○ 증권 ○○○입니다. 고객님들께 주식을 많이 매수해 드렸는데, 최근 영업 현황이 궁금해서 전화 드렸습니다.
- 안녕하세요? ○○ 증권 ○○○입니다. 주식을 많이 보유하고 계신 고객님들께서 최근 회사 현황을 많이 궁금해하셔서 전화 드렸습니다.

이 정도의 인사말이면 일단 전화를 받는 IR담당자도 전화를 하는 일반투자자자도 8부 능선은 부담감 없이 넘은 것이다. 이제 본격적으로 질문할 내용을 살펴 보자.

분기 실적에 대한 질문

    상장기업은 누구나 피해 갈 수 없는 사실이 바로 때가 되면 실적을 발표해야 한다는 점이다. 회사의 실적이 아주 뛰어나고 성장성도 있는 기업을 경영하는 CEO 중에는 때마다 실적을 발표하고 결산할 때마다 외부 회계 감사를 받아야 하는 일이 싫어서 상장을 하지 않을 것이라고 말씀하시는 분도 있었다. 어쨌든, 분기실적(3개월 실적)은 분기가 끝난 후 45일 이내에, 연간 실적은 다음 년도 90일 이내에 거래소를 통해서 실적을 공시해야 한다.

    일부 전문가나 투자 경험이 꽤 있는 주식투자자들은 관심종목의 분기 결산이 다가오면 결산 실적 발표 전에 기업에 전화를 해서 실적에 대한 정보를 얻으려고 노력을 한다. 단기적으로 주가에 가장 많은 영향을 미치는 요인이 바로 분기 실적이기 때문이다. 정확한 실적 공시일은 사전에 주식IR담당자에게 전화를 하면 알 수 있다. 발표된 기업 실적은 전자공시시스템에서 가장 빨리 그리고 정확하게 확인할 수 있다는 내용은 앞에서 이미 설명드렸다.

    만일, 특정 회사에 전화를 해서 실적 발표 이전에 주식IR담당자한테 '1분기 실적이 어떤가요?'라고 질문을 하고 주식IR담당자가 '1분기 실적은 시장 예상치를 뛰어 넘는 어닝 서프라이즈입니다. 그러니 저희 회사 주식을 빨리 매수하세요' 또는, '1분기 실적이 아주 나쁘니 주식을 보유하고 계시면 하루 빨리 매도하세요'라고 답변을 해 주었다고 가정해 보자. 그리고, 주식IR담당자가 시키는 대로 거래를 해서 이익을 내거나 손실을 피해 간다면 마음의 준비를 단단히 하셔야 한다. 미공개 정보이용에 따른 부당 이득 행위로 주식IR담당자와 함께 최소 2년 이상의 형을 선고받을 것이다. 따라서, 실적을 직접적으로 물어서도 안되고 설마 직접 회사 실적을 질문하여도 돌아오는 것은 공정공시 위반이라서 실적을 미리 말씀드릴 수 없다는 주식IR담당자로부터의 답변일 것이다. 아주 중요하지만 아주 민감한 부분이라서 주식IR담당자에게 전화를 한 경험이 아주 많이 생긴 투자자가 아니라면 실적에 대한 질문은 처음부터 하지 않는 것이 서로간에 좋을 것이다. 자칫하다가는 형사 처벌까지 각오를 해야 하니 무모한 시도는 절대로 금물이다.

그러면, 아주 중요한 기업 분기 실적에 대한 정보를 어디까지 질문할 수 있을지 궁금해하실 것이다. 내가 전화나 기업탐방 시 실적에 대해서 질문을 하는 사례를 소개해 드리겠다. 나의 오랜 경험이며 소중한 정보이니 꼭 기억해 두시기 바란다. 일반투자자들에게 아주 유용한 내용일 것이다.

기업에 전화를 하기 전에 먼저 기업의 과거 분기 실적을 꼼꼼히 체크한다. 수주를 근간으로 하는 기업은 실적이 연도별로, 심할 경우 분기별로 변동성이 크다. 그래서 반도체 장비회사 등 수주를 근간으로 하는 기업들의 중장기 실적 예측은 아주 어렵다고 앞에서 설명을 하였다. 그러나, 나의 기업탐방 경험상 중장기 실적 예측이 어려운 것이고, 단기 실적 예측은 생각보다 쉬운 편이다.

다음의 내용은 실전 투자에 우리 일반투자자들이 유용하게 사용할 수 있는 중요한 내용이다. 상장 기업들은 수주를 할 때마다 친절히 공시를 하고 이는 역시 전자공시시스템에서 확인할 수 있다.

단일판매 · 공급계약체결

1. 판매 · 공급계약 내용		반도체 공정 장비
2. 계약내역	계약금액(원)	9,260,000,000
	최근 매출액(원)	84,368,260,216
	매출액 대비(%)	10.98
3. 계약상대방		
-회사와의 관계		-
4. 판매 · 공급지역		국내
5. 계약기간	시작일	2013-12-06
	종료일	2014-03-15
6. 주요 계약조건		-
7. 판매 · 공급방식	자체생산	해당
	외주생산	미해당
	기타	
8. 계약(수주)일자		2013-12-06
9. 공시유보 관련내용	유보기한	-
	유보사유	-
10. 기타 투자판단에 참고할 사항		1. 상기 계약금액은 VAT별도 금액입니다. 2. 상기 최근매출액은 2012년말 연결재무제표 기준입니다.
	진행사항예정공시일	-
	※관련공시	-

위의 화면은 반도체 장비회사의 수주공시 내용이다. 총 계약금액과 계약기간의 시작일과 종료일을 확인할 수 있다. 연도별로 총 수주공시 내용을 확인하고 계약 기간을 확인하면 앞으로 연간 남아 있는 수주 잔고를 계산해 낼 수 있다. 수주 잔고를 전자공시시스템에 친절히 올려주는 기업도 있다. 그러면, 어렵게 수주 잔고를 계산하는 번거로운 작업을 하지 않아도 될 것이다. 이를 바탕으로 회사에 전화를 해서 수주부터 납품완료까지 매출금액을 어떻게 나누어 받는지 물어본다. 이 정도는 대부분의 주식 IR담당자가 답변을 해 준다. 예를 들어서 총 계약 기간이 9개월이고, 계약과 동시에 총 수주금액의 20%를 받고, 중간에 50%를 받고, 납품 완료후 30%를 받는 계약의 시작일이 1월 1일이라면 이 수주의 매출 실적 반영은 1분기에 총 수주금액의 20%, 그리고 2분기에 50%, 그리고 3분기에

30%일 것이다. 여러분들의 이해를 돕기 위해서 도표로 설명해 보자.

수주계약 시작일과 종료일	1분기 계약금매출인식	2분기 중도금매출인식	3분기 잔금매출인식
시작: 1월 1월 종료: 9월 31일	총 수주금액의 20%	총 수주금액의 50%	총 수주금액의 30%

위의 화면을 보면 좀 더 쉽게 이해를 하실 것이다. 만일, 계약 상대방의 사정으로 계약기간 종료일이 늦추어지는 등의 일이 발생을 하면 회사는 정정공시를 통해서 친절히 계약 변경 내용을 공시하게 되어 있으니 계산이 크게 달라질 염려는 없다.

정정신고(보고)

정정일자 2018-02-23

1. 정정관련 공시서류	단일판매·공급계약체결	
2. 정정관련 공시서류제출일	2018-01-18	
3. 정정사유	납기일 변경으로 인한 종료일 변경	
4. 정정사항		
정정항목	정정전	정정후
'5.계약기간'의 종료일	2018-02-28	2018-04-30
-		

단일판매 · 공급계약체결

1. 판매·공급계약 내용		반도체 제조장비
2. 계약내역	계약금액(원)	27,600,000,000
	최근 매출액(원)	244,089,917,754
	매출액 대비(%)	11.31
3. 계약상대방		
-회사와의 관계		-
4. 판매·공급지역		대한민국
5. 계약기간	시작일	2018-01-18
	종료일	2018-04-30
6. 주요 계약조건		-
7. 판매·공급방식	자체생산	해당
	외주생산	미해당
	기타	-
8. 계약(수주)일자		2018-01-18
9. 공시유보 관련내용	유보기한	-
	유보사유	-
10. 기타 투자판단에 참고할 사항		
- 상기 최근 매출액은 2016년 연결기준입니다. - 상기계약금액은 부가가치세 제외 금액 입니다.		

위의 화면은 기존에 공시를 하였던 수주공시의 내용에 변동 사항이 발생을 해서 기업이 정정 공시를 한 내용이다. 변동 내용은 계약 종료일의 변경이다.

나는 주식IR담당자에게 분기 실적 발표 이전에 기존에 공시를 한 수주 말고 다른 매출금액이 있는지 확인을 한다. 앞에서 설명드렸듯이 전년도 총 매출액대비 10%에 미달하는 적은 수주는 공시 의무 대상이 아니기 때문이다. 이 정도까지는 역시 주식IR담당자가 답변을 해 줄 것이다.

이제 지금까지의 수주를 바탕으로 기업의 1분기와 2분기, 3분기 예상 실적을 가늠할 수 있게 된다. 그리고, 추가로 발생되는 수주는 똑같은 방식으로 나누어서 분기별로 추가를 해 주면 된다. 아마 이정도 수준의 질문을 받는다면 주식IR담당자는 여러분을 반드시 기억할 것이다.

마지막으로 정리하자. 회사의 수주 총 금액과 기간을 전자공시시스템에서 확인을 한다. 그리고 나서 주식IR담당자에게 전화를 해서 수주에서 납품 완료까지의 매출 인식을 질문하고 공시하지 않은 수주가 있는지 확인하면 최소한 기업의 이번 분기와 다음 분기까지의 현재 수주잔고 기준 매출은 어느 정도 확인할 수 있다. 그리고, 영업이익률은 매출의 어느 정도 수준인지는 기존의 분기실적 보고서를 참고하면 될 것이다.

한가지 더, 아주 중요한 부분을 말씀드리겠다. 위의 공식대로 매출과 영업이익을 전망하였으나 3분기 실적이 아주 나쁘게 발표가 된다면, 나한테 실망할 투자자 분들이 분명 있을 것이다. 그러나, 이는 반대로 아주 좋은 매수 기회를 제공해 주는 것이다. 수주공시와 회사가 알려 준 매출 인식에 따라서 회사 실적을 계산하였으나, 막상 3분기 실적이 아주 나쁘게 발표되었다면, 거의 대부분 4분기 실적은 어닝 서프라이즈일 것이다. 주식IR담당자는 왜 3분기 실적이 시장 전망보다 훨씬 나쁘냐는 질문에 선적이 약간 지연이 되면서 9월을 넘기게 되었다고 답변할 가능성이 아주 높다. 그러면, 잔금인 30%는 자연스럽게 4분기 실적에 더해지게 된다. 나는 주식시장의 전망과는 크게 다르게 기업의 실적 악화 발표와 함께 주가가 급락을 한 회사가 수주를 바탕으로 하는 기업이라면 반드시 실적이 악화된 이유를 전화로 파악을 한다. 경험상 십중팔구는 위의 이유일 것이고 이는 아주 좋은 매수 기회를 제공해 준다.

기업의 매출과 영업이익이 안정적으로 성장하는 기업이라면 기업의 실적을 전망하는 일이 한결 쉬워진다. 예를 들어서 매출과 영업이익이 가입자수에 따라서 움직이는 회사라면 직전 분기 실적 2개만 파악하고 주식IR담당자에게 전화를 하면 된다. 전화로 전전전분기말 가입자수와 전전분기 가입자 수 그리고, 전분기말 가입자수를 질문해서 답변을 얻으면 끝이다. 이전 2개 분기의 실적과 가입자수가 비례해서 움직인다면 직전분기가입자수에 비례해서 직전 분기 매출과 영업이익이 발표될 가능성이 높다. 이런 기업들의 주가가 수급이나 전체 주식시장의 영향으로 급락을 한다면 아주 좋은 매수 기회가 되는 것이다.

매출액과 영업이익 증감률은 꼭 체크하자

투자를 하고 있거나 투자를 하려고 하는 기업의 매출액과 영업이익 증감률을 체크하는 일은 아주 중요하다. 나의 경험상 꾸준히 매출과 영업이익이 증가를 하던 회사가 전분기 매출과 영업이익이 갑자기 악화된 실적을 발표하였다면, 주식IR담당자에게 그 원인이 무엇인지 꼭 파악을 해야 한다. 일시적인 요인이라면 주식 급락은 아주 좋은 매수 기회가 되는 것이다. 앞에서 설명 드린 대로, 선적상의 문제로 매출인식이 다음 분기로 이월된 경우라면 나는 그 주식을 매수하지 않은 적이 없었던 것 같다.

평소 공부를 잘 하던 학생이 컴퓨터 게임에 일시적으로 빠져서 한번 시험을 망쳤다면, 다시 정신차리고 열심히 공부해서 다음 시험부터는 우수한 성적을 낼 가능성이 높은 것과 같은 이치다. 그러나, 경쟁심화에 따른 제품가격 인하라든지 재료비의 증가에 따른 매출 원가율 상승 등 쉽게 개선이 어려운 문제라면 문제는 심각해진다. 마치, 평소 공부 잘하던 남학생이 예쁘게 생긴 여학생과 사귀면서 공부는 아예 담을 쌓고 여학생과의 데이트에만 시간을 보낸다면 예전의 학교 성적을 다시 내는 일이 어려워지는 것과 같다. 주식IR담당자는 이미 지나간 전 분기 실적에 대한 설명은 자세히 해 주는 편이니 그런 질문은 큰 문제가 없다.

만일, 영업이익 증가율이 매출액 증가율을 현저히 따라가지 못한다면 그 원인을 반드시 파악하여야 한다. 일반투자자들이 놓치기 쉬운 부분 중 하나가 바로 이 부분이다. 기업의 매출이 증가를 한다면, 당연히 그에 비례해서 영업이익도 증가를 해야 한다. 오히려 정상적인 기업이라면 매출이 증가할수록 영업이익은 더 많이 증가해야 한다. 그 원인이 일회성 마케팅비용증가, 부실재고자산 일시 상각 등 일시적인 요인이라면 큰 문제가 없으나, 주식IR담당자가 명확하게 그 이유를 말해 주지 못한다면 해당주식의 매수는 보류해야 한다. 어떤 회사는 분기마다 일회성 비용으로 영업이익이 주식시장 기대치에 미치지 못했다고 계속 변명하는 경우도 있다. 내 경험상 이는 다분히 습관적인 변명이고 문제가 많은 기업이며, 당연히 주식시장의 신뢰를 잃게 된다.

최근의 주가 변동성에 대한 질문

보유하고 있는 주식이 급락을 하면 항의나 화풀이 전화는 이제 그만하자. 대신 주가가 급하게 변동한 이유가 무엇인지 꼼꼼하게 질문해서 파악을 하고 케이스별로 메모를 하는 습관을 기르자. 이렇게 질문을 하고 메모를 남겨두고 수시로 들여다 보는 일이 많아질수록 한 기업의 주가 변동성의 원인을 파악하는 능력은 점점 더 커질 것이다. 나 역시 오랜 시간 기업을 방문해서 여러 질문을 하고 답변을 메모하고 고민을 하면서 지금까지 내가 설명한 기업분석 스킬이 생긴 것이다. **다른 건 몰라도 정말 이것만은 지금 당장 시작하자. 주가 변동의 원인만 정확하게 파악하는 습관을 들이면 2~3년 뒤엔 그 어느 증권 전문가도 부럽지 않은 투자자가 될 것이라고 생각한다.**

나는 극히 정상적으로 영업활동을 하고 있는 기업들의 급격한 주가 변동성에 대해서 이야기를 하고 있다. 매년 계속되는 실적악화로 주가 역시 장기간 크게 하락을 한 상태이고 주식시장의 관심을 전혀 받지 못하는 기업의 주가가 어느 날 갑자기 거래량이 급증을 하면서 주가도 크게 요동치는 것을 본 일반투자자가 많이 있을 것이다. 나 역시 부실기업의 주가가 장기간 횡보를 하다가 거래량이 급격히 늘면서 주가가 크게 오르내리는 것을 본 적이 많다. 그런 주식을 발견하면 대부분의 일반투자자는 자신은 모르는 호재가 있어서 주가와 거래량에 큰 변화가 생긴 것이라고 생각할 것이다. 결론부터 말씀드리면, 십중팔구는 그 누구도 이유를 모른다는 사실이다.

극히 일부의 주식에서 주가에 영향력을 미칠 만한 호재성 재료가 있는 경우도 있다. 그러나, 나는 부실기업에 커다란 변화가 생겨서 우량기업으로 재탄생한 경우를 본 적은 증권회사를 다니면서 지금까지 단 한번도 없었다. 부실기업의 주가 변동성을 접하고 회사 주식IR담당자에게 전화를 해 봤자 자신도 주가가 크게 요동치는 이유를 모르겠다는 답변만 들을 가능성이 아주 크다. 그리고, 급등락을 보이는 부실주의 대부분은 그 다음날부터는 또 다시 장시간의 숙면상태에 빠진다는 사실을 잊지 말도록 하자. 투자자 본인의 지레짐작으로 뭔가 내가 모르고 있는 호재가 있을 것이라고 오판을 내리고 부실기업의 주가가 요동치는 날 주식을 매수한다면 그 다음날부터 힘든 인내의 시기를 보낼 각오를 해야 할 것이다.

주요 이슈나 이벤트 발생 시 경쟁회사나 관련회사에 크로스 체크는 필수

CEO의 경영 마인드에 대한 것은 질문 대상에서 제외를 하사. CEO 의 경영철학이나 경영 마인드가 아주 중요한 기업 분석 내용 중에 하나이긴 하나 일반투자자가 그것도 전화상으로 CEO의 경영 철학을 질문하는 것은 모양새가 우스울 것이다. 대신, 위에서 언급한 대로 우수 연구 인력은 어떻게 보호를 하고 있는지 질문을 함으로써 간접적으로 CEO의 경영 철학을 파악하자.

어떤 상장 기업의 제품이나 서비스 등에 이슈가 발생을 하거나 마케팅 관련 이벤트를 진행하면 반드시 전화를 해서 구체적인 내용을 파악해야 한다. 한편으로는 경쟁 관계에 있는 상장이나 혹은 비상장 회사에 전화를 해서 발생한 이슈나 이벤트에 대해서 어떻게 생각을 하는지 질문을 해서 종합적인 판단을 내리는 것이, 어느 한 기업의 일방적인 설명만으로 판단을 내리는 것보다 훨씬 정확한 판단일 가능성이 높다.

예를 들어서 설명해 보겠다. 소비자에게 음원 서비스를 제공해 주는 플랫폼 영업을 주로 하는 지니뮤직을 과거에 탐방을 한 경험이 있다. 지금은 회사명이 지니뮤직이지만 과거에는 KT뮤직이었고 KT가 대주주인 회사였다. 설명에 앞서 내가 지니뮤직은 투자 가치가 없다고 말하는 것은 절대 아님을 미리 말해 두고자 한다. 다만, 경쟁 관계인 회사의 입장도 충분히 반영을 해야 한다는 나의 주장을 위해서 하나의 예를 든 것이다. 당시 많은 애널리스트들은 KT뮤직의 대주주이자 이동통신 사업자인 KT와 결합상품 등의 시너지를 통해서 유료 가입자 수를 늘릴 수 있다고 주장을 하였다. 이는 충분히 설득력 있는 주장이었다. 기업탐방 당시 KT뮤직의 유료가입자 수는 카카오M의 1/10 수준이었고, 주식시장의 기대대로 KT의 이동통신시장 점유율인 30%까지 KT 뮤직의 유료 가입자 수가 증가한다면 주가는 크게 오를 것이기 때문이었다.

나는 기업탐방에서 KT뮤직이 KT가 진행하는 이동통신 가입자 수 증가를 위한 프로모션 마케팅에 함께 참여하는 식으로 유료 가입자 수를 늘리고 있다는 설명을 들었다. KT로 통신사를 바꾸는 가입자에게 통신요금 할인과 함께 6개월간 매달 요금이 100원인 음원을 KT뮤직을 통해서 제공하는 프로모션을 진행하고 있었다. 당시 카카오M의 음원 제공 서비스 이용요금은 월 6,000원이었고, KT는 월 일정 금액을 KT 뮤직에 보조해 주는 방식으로 KT뮤직의 실적은 방어해 주면서 유료 가입자를 늘려 주고 있었다. 나는 사무실에 돌아와 카카오M의 주식IR담당자에게 곧바로 전화를 해서 KT뮤직의 마케팅을 어떻게 보고 있는지 물어 보았다.

카카오M의 주식IR담당자는 카카오M의 유료가입자 수가 꾸준히 증가를 하는 이유는 멜론이라는 브랜드와 이용자들이 만족하는 서비스 플랫폼에 전적으로 의한 것이지 이동통신사의 도움은 과거에도 없었고 현재에도 없다고 입장을 전해 주었다. 실제로 카카오M은 과거 SK텔레콤이 대주주였다가 지금은 카카오가 대주주인 상태이다. 여기서 나의 KT뮤직 탐방에 대한 결론은 언급하지 않도록 하겠다. 이런 식으로 경쟁관계에 있는 회사를 파악하고 경우에 따라서는 경쟁회사에 전화를 해서 중요 사항에 대해서 경쟁 회사는 어떻게 생각하는지 의견을 듣고 종합적으로 판단을 내려야 한다는 사실을 일반투자자에게 알리는 게 목적이기 때문이다.

유동성장기부채는 반드시 확인하자

재무제표에서 일반투자자가 반드시 확인해야 하는 지표는 유동성장기부채라고 앞에서 설명을 드렸다.

부　　　채					
Ⅰ. 유 동 부 채			49,214,383		52,013,913
1. 매입채무	3	8,736,903		7,914,704	
2. 단기차입금	3, 9	7,854,910		8,029,299	
3. 미지급금	3	12,066,686		10,318,407	
4. 선수금		1,297,696		1,427,230	
5. 예수금		1,185,107		1,161,635	
6. 미지급비용		8,749,616		12,876,777	
7. 미지급법인세		2,109,123		2,161,109	
8. 유동성장기부채	3, 9, 10	524,828		1,778,667	
9. 충당부채	12	6,435,288		5,991,510	
10. 기타유동부채		254,226		326,259	
11. 매각예정분류부채	28	–		28,316	
Ⅱ. 비 유 동 부 채			10,416,687		10,320,857
1. 사채	3, 10	1,382,138		1,355,882	

위의 화면에서 볼 수 있듯이 유동성장기부채는 재무제표의 부채 항목 중 유동부채에서 확인이 가능하다.

이제 유동성장기부채와 관련된 중요한 부분을 말씀드리겠다. 재무제표에 유동성장기부채가 갑자기 생긴다면, 그것도 금액이 회사의 매출이나 영업이익 규모에 비해서 과도하게 크다면 일단 주식IR담당자에게 유동성장기부채 상환 계획을 반드시 질문해야 한다. 내가 생각하는 가장 이상적인 답변은 그동안 번 돈으로 일부는 상환을 하고 나머지는 은행에서 대출 만기를 재연장해 줄 것이라는 주식IR담당자의 답변이다. 대출 심사가 까다로운 은행이 대출금을 재연장해 줄 정도로 회사의 재정 상태에 큰 문제가 없다는 의미로 안심해도 좋다.

반대로, 아직 상환계획을 수립 중이라든가 회사채 등 다른 종류의 장기부채를 통해서 갚을 계획이라고 주식IR담당자가 대답을 한다면 은행에서 기존 장기차입금의 대출 재연장을 해 주지 않은 이유를 파악해야 한다. 여기서 가장 정확한 이유를 파악하는 방법을 생각해 낸 일반투자자분이 있는가? 그렇다, 기존 장기차입금 대출을 해 준 은행의 대부담당자에게 전화를 해서 관심을 가지고 있는 기업의 장기차입금 대출 연장을 해 주지 않은 이유를 물으면 가장 정확한 파악이 될 것이다. 은행에서 만기를 연장해 주는 방법이 가장 손쉬운데 그렇게 하지 않았다면 은행에서 만기 재연장을 해 주지 않은 이유를 정확하게 알아야 하는 것이다. 당연히 은행에서는 그 이유를 알려 주지 않을 것이다. 그 정도로 철저히 체크를 해야 한다는 사실을 기억해 두자.

더욱이 유동성장기부채 상환 계획이 단기 차입금을 증가시켜서 상환할 계획이라고 주식IR담당자가 답변을 해 준다면 그 회사의 주식을 매수하지 않았으면 좋겠다고 조언해 드린다. 자금 상환부담이 동일한 단기 차입금증가로 단기부채가 된 유동성장기부채를 상환한다면 이는 단기 자금사정 악화라는 악순환에 빠질 가능성이 높은 기업이기 때문이다.

애널리스트의 리포트가 있으면 읽고 전화하자

내가 기업탐방하는 주식들은 대부분 애널리스트들이 커버하는 종목들이다. 나는 테마주나 소위 말하는 작전주 등에는 절대 투자를 하지 않는다. 그런 기업들은 당연히 탐방 대상 기업에서 처음부터 제외되어 있으며, 애널리스트들 역시 대부분 커버를 하지 않고 있다. 애널리스트의 리포트 내용은 질문할 내용 중 내가 놓친 부분이 있는지 확인하는 데 참고로 이용한다. 그렇다고 애널리스트의 리포트를 무시하는 것은 절대 아니다. 다만, 전자공시에 있는 사업의 내용을 충분히 숙지한다면 기업탐방 시 질문할 내용을 준비하는 데 아무런 어려움이 없기 때문이다.

여러분도 주식IR담당자에게 전화를 하기 전에 애널리스트 리포트가 있으면 읽고 충분히 회사에 대해서 이해를 한 뒤 전화를 하도록 하자.

자동차 경량화 등으로 플라스틱 적용 범위 확대

플라스틱 사용량 증가로 사출 성형기 시장도 꾸준히 성장

플라스틱 소비량은 꾸준히 증가하고 있다. 인당 플라스틱 사용량은 2012년 37kg에서 2016년 44kg으로 연평균 4.4% 증가했다. 2020년에는 53kg으로 연평균 4.8% 늘어날 전망이다. 기존 차량에 비해 무거운 전기차 보급이 확대되며 경량화를 위해 플라스틱 탑재가 늘고 있다. 항공기, 가전 제품 등에서도 플라스틱 적용 범위가 확대되고 있다. 2016년 글로벌 사출 성형기 시장규모는 16.4조원으로 추정된다. 플라스틱 사용량 증가로 사출 성형기 시장도 꾸준히 성장, 2020년 글로벌 시장규모는 22조원으로 연평균 7.6% 증가할 전망이다.

국내 사출 성형기 시장규모는 6천억원이며, 우진플라임이 점유율 40%로 1위

글로벌 상위 6개 업체의 점유율은 41.4% 수준이다. 업체별 점유율은 ENGEL(오스트리아) 9.4%, HAITIAN(중국) 8.4%, Krauss Maffei(독일, 중국 ChemChina에 피인수) 8.4%, Milacron-Ferromatik 7.8%, ARBUG(독일) 4.4%, Wittmann Battenfeld(오스트리아) 3.0% 순이며, 국내 시장규모는 6천억원으로 추정되며 2020년까지 연평균 7.5% 증가할 전망이다. 우진플라임, LS엠트론, 한국엔겔기계, 한국하이티엔, 동신유압 등이 경쟁하고 있으며 우진플라임이 점유율 40%로 1위다. 중대형 신제품 출시와 capa 증설로 2016년부터 해외 매출이 본격적으로 증가하며 글로벌 점유율을 높이고 있다. 기술력은 글로벌 업체와 유사하나 가격 경쟁력이 높기 때문이다.

위의 화면은 우진플라임이라는 각종 플라스틱 생산에 쓰이는 사출성형기를 만드는 회사에 대한 리포트이다. 먼저, 우진플라임을 분석한 리포트의 내용을 전면 부정하는 것은 절대 아님을 먼저 밝힌다. 다만, 가격 경쟁력이라는 부분에 대해서 언급만 하고자 하는 것이다. 애널리스트는 기업의 실적이 좋아 질 수 있는 이유로 기술력은 글로벌 업체와 유사하나 제품의 가격 경쟁력이 높다는 점을 언급하고 있다. 해외 경쟁기업 대비 제품이 싸기 때문에 글로벌 시장에서 충분히 경쟁력이 있다는 주장이다. 아마도 대부분의 일반투자자들은 가격이 경쟁사 제품 대비 싸다는 사실이 회사의 경쟁력이라고 쉽게 믿을 것이다. 그렇다면, 만일 해외 경쟁기업이 제품가격을 비슷한 수준으로 인하를 한다면 계속해서 경쟁력을 유지할 수 있을까? 물론, 나의 이러한 질문에 주식IR 담당자는 해외 경쟁기업이 쉽게 가격을 인하하지 못할 것이라고 나름대로의 이유를 설명한 적이 많았다. 그러나, 나의 오랜 기업탐방 경험상 제품의 가격 경쟁력만으로 많은 돈을 오랜 시간 지속해서 번 기업은 전혀 없었다.

위의 우진플라임처럼 기업이 오랜 시간 경쟁력을 유지하려면 최소한 경쟁회사 제품과 동일한 수준의 제품 경쟁력은 유지해야 한다는 평범한 사실을 꼭 기억해 두자. 만일, 우진플라임을 기업탐방하기 전에 위의 애널리스트 리포트를 읽었다면, 나는 기업탐방에서 기술력은 글로벌 회사들과 유사하나 가격 경쟁력이 높은 이유를 구체적으로 질문했을 것이다.

일반투자자들에게 드리는 추가적인 팁

무작정 회사를 방문하자

현실적으로 어려운 기업탐방이지만, 본인이 이 주식은 정말 꼼꼼히 체크해야겠다고 마음을 먹는다면, 나는 무작정 회사를 방문하라고 추천드리고 싶다. 회사 건물의 모습과 일하는 직원들의 모습만 살피는 것도 큰 의미가 있기 때문이다. 회사를 무작정 찾아가서 사무실 복도에서 만나는 직원 아무나 붙잡고, 일반투자자인데 주식을 많이 가지고 있어서 질문한다고 하면, 대부분의 직원들은 급한 일이 아니면 질문에 응대해 줄 것이다. 회사에서 무슨 업무를 담당하는지, 회사의 최근 영업은 어떤지 등 준비해온 질문을 통해서 회사의 최근 영업 상황을 파악할 수 있다. 운이 좋으면 최근 회사가 영업이 아주 잘 되고 있는 모습을 파악할 수 있을 것이다.

만일, 내가 일반투자자라면 생산 공장을 직접 찾아가서 생산직에 종사하는 직원들을 만나 볼 것이다. 그리고, 생산 책임자가 누구인지 파악해서 꼭 찾아갈 것이다. 회사의 최근 생산현황을 누구보다 잘 알고 있기 때문이다. 이 정도의 노력이라면 기업탐방과 크게 다를 바 없는 기업 분석 효과를 반드시 누릴 것이다.

모든 질문은 간결하고 명확하게

마지막으로 일반투자자에게 꼭 당부드리고 싶은 말은 주식IR담당자에게 전화를 걸어 질문을 할 때는 두리뭉실한 질문은 절대로 하지 말라는 것이다. 만일 여러분이 전화로 '앞으로는 회사 실적이 좋아질 건가요?', '회사에 요즘 좋은 일은 없나요?', '요즘 주가가 왜 이리 힘이 없는 건가요?' 등 막연한 질문을 한다면 주식IR담당자는 그런 질문은 일반투자자로부터 하도 많이 받아서 나름대로 준비한 멘트로 성의 없는 답변을 할 것이다. 지금까지 내가 알려드린 대로 '지난 분기 매출액과 영업이익이 전년 동기 대비 감소한 주된 이유는 무엇인가요?', '최근에 생산설비를 증가시킨다는 공시를 냈는데 추가로 고객을 확보한 생산설비 증설인가요?', '최근 국제 원자재 가격 상승으로 원가 부담이 높을 텐데 기업에서는 어떤 계획을 가지고 있습니까?' 등 구체적이고 명료한 질문을 하도록 하자.

제6부

실전 기업탐방

화려한 겉 포장지를 걷어내는 작업

기업탐방이라는 작업이 말처럼 쉬운 작업은 아니다. 기업탐방을 가면 미팅하는 직원은 회사의 IR업무를 담당하는 직원이다. 기업탐방 시 대부분의 주식IR담당자는 미팅에서 자신이 근무하는 회사의 좋은 점과 경쟁력은 부각시키고 싶어하고, 회사의 약점은 되도록이면 언급하길 꺼려 한다. 이는 어쩌면 지극히 당연하다. 여러분 같으면 회사의 월급을 받고 근무하면서 외부인에게 회사의 단점을 쉽게 이야기할 수 있겠는가? 따라서, 기업탐방은 주식IR담당자가 만든 화려한 겉 포장지를 조심스럽게 걷어내고 그 안의 본 모습을 파악해야 하는 어려운 작업이다. 그러나, 기업탐방을 오래 하면서 나는 자연스럽게 기업IR 담당자와 조금만 대화를 나누어도 회사에 대해서 과장되게 이야기를 하는지 아니면 믿을 만하게 진솔하게 이야기하는지 금방 분간할 수 있게 되었다. 이제 본격적으로 기업탐방 이야기를 시작해 보자.

급할 땐 전화부터 - JYP엔터, 덕산네오룩스

　단기적으로 주가 하락은 주식투자에 있어서 가장 큰 호재이다. 그래서 내가 투자 대상 1순위 기업으로 정한 종목들이다. 그런데, 단기간 주가가 폭락한 기업들을 나는 기업탐방을 하지 않고 대신 주식IR담당자와의 전화 통화로만 기업 분석을 대부분 끝낸다. 그 이유는 주가 하락의 원인이 실적악화가 아닌 다른 요인, 이를테면 외국인의 공매도 증가에 의한 수급악화이거나 잘못된 실적 악화 전망인 경우 주가는 손쉽게 이전의 수준으로 회복되는 모습을 자주 볼 수 있기 때문이다.

　단기간 주가가 급락한 좋은 주식들은 주가 하락이 멈춘 후 짧게는 2~3일 이내에, 길게는 일주일 전후로 금방 이전의 주가 수준을 회복하는 경우가 아주 많다. 따라서, 회사에 전화를 해서 탐방 일정을 잡고 탐방 이후 분석해서 고객들에게 추천을 할 시간적 여유가 없기 때문에 기업탐방이 아닌 주식IR담당자와의 전화 통화로 주가 하락의 원인을 파악하는 것이다. 정당한 근거가 없는 비합리적인 주가 하락을 나만 파악했겠는가?

외국인의 공매도로 주가가 급락한 주식: JYP엔터

　주가가 단기간에 급락을 하자 먼저 급락의 원인을 파악하였고, 그 주된 이유가 외국인들의 공매도 증가라는 사실을 확인하였다. 신속히 전자공시시스템에서 사업의 내용을 읽고, 최근 애널리스트들의 리포트를 찾아서 읽은 후 주식IR담당자에게 질문할 내용을 정리하였다. 소속 가수들의 국내외 활동이 회사의 실적에 결정적인 영향을 미치기 때문에 질문 내용을 정리하는 일은 다른 기업 질문 내용 정리보다는 쉬웠다. 주식IR담당자와의 전화 통화를 통한 질문과 답변 내용은 다음과 같다.

주식IR담당자와의 전화 통화 일자: 2017년 11월

1. 최근 주가에 영향을 미칠 만한 영업 환경의 변화가 있었는가?
주식IR담당자의 답변: 주가에 영향을 미칠 만한 주요 변동 사항은 없으며 소속 가수들 모두 예정대로 순조롭게 활동을 하고 있다.

2. 대표 소속 가수인 트와이스의 국내외 활동에 변화가 있는지?
주식IR담당자의 답변: 트와이스의 연말 연초 일본과 국내에서의 활동은 계획대로 순조롭게 진행 중이며 돌발 악재의 발생도 전혀 없다.

3. 신인 그룹의 데뷔 일정에 변화가 있는지?
주식IR담당자의 답변: 현재 알고 있는 신인 아이돌 그룹의 데뷔 일정이나 그룹 소속 가수에 변화가 있다는 이야기는 전혀 들은 바 없다.

4. 외국인들의 공매도가 급증한 원인이 무엇이라고 생각하는가?

주식IR담당자의 답변: 나도 그 이유가 궁금하다. 아마도 최근 다른 주식들의 주가가 많이 하락하자 단기 차익을 노린 외국인투자자들의 공매도가 아닌가 생각한다.

급하게 이루어진 주식IR담당자와의 전화 통화 후 내가 내린 결론은 다음과 같다.

결론: 최근의 주가 하락은 외국인의 공매도 증가에 따른 단기 수급 악화임. 그러나, 외국인의 공매도 증가에 영향을 미칠 만한 요인은 찾을 수 없음. 따라서, 단기간 수익을 낼 가능성이 많음.

매수 추천가격: 1만 원 부근, 또는 외국인들의 공매도가 멈추거나 더 이상 주가가 하락하지 않는 시점.

3개월 이내 도달 가능 가격: 단기 급락 이전 주가 수준인 1만2천 원 이상.

1년 이후 도달 가능 가격: 단기간 이익 실현이 목표인 관계로 의미 없음.

매도 시점: 1만2천 원 이상 또는 비교 우위 기업으로의 교체 매매

나는 투자 유망 기업이 단기간에 주가가 급락을 하여 주식IR담당자와 통화를 하고 매수 추천가격을 정하면 하루 이틀 내에 매수하는 경우가 아주 많았다. 좋은 주식이 갑자기 급락을 하면 시장의 관심을 받는 것은 지극히 당연하고 기업 내용에 아무런 문제가 없다는 사실을 주식시장도 빠르게 알게 되기 때문이다. 당연히 대부분의 주가는 급락 이전의 주가 수준을 손쉽게 회복을 한다. 참고로 비교 위의 기업으로의 교체 매매란 내가 설정한 도달 가능 가격대까지 오르지 않더라도 상대적으로 더 가격 메리트가 생긴 주식을 발견하면 그 주식으로 교체 매매를 하겠다는 의미이다.

몇 년 전에 TV방송에서 인기 그룹 소속 가수가 8년이라는 오랜 연습생 시절을 보내면서 너무 힘들고 지쳐서 그만 포기하려는 시기에 드디어 데뷔를 해서 큰 인기를 얻게 되었다고 인터뷰하는 것을 본 기억이 있다. 서태지와 아이들의 멤버였던 가수 이주노는 예전에 TV방송에서 가수가 되려고 들인 노력으로 공부를 했다면 서울대학교에 입학하는 일이 가수가 되는 일보다 훨씬 더 쉬웠을 것 같다고 말한 적도 있었다. 오랜 연습생 시기를 견디고 참아야 그중에서 가능성이 보이는 연습생 일부만이 기획사의 결정으로 가수로 데뷔가 가능하다. 시간을 들여 어느 정도 실력을 쌓은 뒤 데뷔를 해야 성공가능성이 높은 것이다.

그러나, 최근 어린 청소년들 중에서 가수가 되고자 그 어려운 연습생 과정을 묵묵히 참고 견딜 가수 지망생이 과연 얼마나 될까라는 생각이 든다. 실제로 오랜 시간 준비를 해야 하는 가수 지망생이 점점 줄어 들고 있어서 고민이라는 엔터테인먼트 관계자의 말을 간접적으로 들은 적이 최근에 있었다. 어쩌면 대한민국에서는 가수 지망생을 더 이상 찾을 수 없어서 주변 아시아 지역 청소년들만이 어려운 연습생 과정을 견디고 한국 가수로 데뷔하는 어처구니 없는 날이 올지도 모르겠다는 생각이 든다.

잘못된 정보와 시장의 인식으로 주가가 급락한 주식: 덕산네오룩스

여기서는 덕산네오룩스의 주가가 급락을 하자 내용 파악을 위해 회사 IR담당자와 통화를 한 내용만 다루겠다.

주식IR담당자와의 전화 통화 일자: 2018년 1월 말

1. 최근 영업에 큰 변화가 있었는가?
주식IR담당자의 답변: 현재 영업활동에 전혀 문제가 없으며, 향후에도 회사의 영업에 영향을 미칠 만한 내용이 현재까지는 없음. S사의 상반기 전략 모델 생산에 차질 없이 납품 중이다.

2. 2017년도 4분기 이후 달러가 약세인데, 수출 비중은 얼마이고 기업 매출과 영업이익에 환율 영향이 얼마나 되는가?
주식IR담당자의 답변: 여타 반도체나 디스플레이 장비업체와는 다르게 국내 S사의 OLED패널생산에 주로 소재를 납품하는 관계로 거의 100% 원화로 매출이 인식이 되기 때문에 환율 영향은 전혀 없다.

3. 최근의 주가 급락 이유가 무엇이라고 생각하는가?

주식IR담당자의 답변: A사의 최신 휴대폰 조기 단종에 대한 우려감과 S사의 OLED 패널 생산 실적 전망 불투명인 듯하다. 그러나, A사향 OLED 패널 생산에 납품되는 매출 비중은 10% 수준이고, 나머지 80% 이상은 S사의 최신 전략 모델용 OLED 패널 생산에 납품되고 있다. 나머지 일부는 중국 OLED 패널 테스트용 초기 생산에 납품되고 있다.

4. S사의 하반기 전략 모델에 소재가 채택되는 데 문제가 있는가?

주식IR담당자의 답변: 여태까지 문제없이 덕산네오룩스의 소재가 채택이 된 관계로 큰 문제가 발생하지 않으면 하반기 S사의 최신 모델에 문제 없이 소재가 채택될 것이다.

5. 중국 디스플레이 업체에 언제부터 본격 납품이 가능한가?

주식IR담당자의 답변: 현재 일부 테스트용 생산에 덕산네오룩스의 소재 매출이 발생 중이며 중국업체의 본격 생산 일정이 아직 알려지지 않았으나, 하반기부터 중국 업체로의 매출은 증가할 것으로 기대하고 있다. 물론, 올해의 회사 실적 전망치에서 중국 업체로의 매출은 없다고 가정한 것이다.

6. 2017년도 실적 발표는 언제인가?

주식IR담당자의 답변: 만일 30% 실적 변동공시(2016년 대비 매출액이나 영업이익, 또는 순이익이 30% 이상 변동이 있으면 결산공시에 앞서서 30% 실적변동공시를 해야 한다)를 해야 한다면, 2월 설 이후 할 예정이다. 이미 주식시장에는 덕산네오룩스가 2017년도부터 OLED 패널용 소재를 본격 납품 중이라서 30% 실적 변동공시를 해야 한다는 사실이 잘 알려져 있다.

결론: A사의 전략 휴대폰의 판매부진으로 덕산네오룩스의 주가가 여타 OLED 장비주들과 함께 급락을 하였으나 덕산네오룩스의 영향은 10% 내외인 관계로 실적에 미미한 영향만 발생할 듯하다. 글로벌 휴대폰 강자인 A사는 휴대폰 부품을 납품하는 회사에 전통적으로 A사 전용 생산라인 구축을 요구하고 있다. S사 역시 A사 OLED 패널 생산 전용 라인이 따로 있으며, A사의 휴대폰 판매 부진에 따른 가동률 저하로 실적이 올해 전망치를 밑돌 가능성이 많다. 즉, A사의 휴대폰 판매부진은 OLED 패널 생산회사와 장비회사의 실적에 악영향을 줄 것 같다. 덕산네오룩스의 주가 급락은 비합리적인 주가 하락으로 판단된다.

매수 추천가격: 1만8천 원 부근.

3개월 이내 도달 가능 가격: 주식시장의 오해로 추가 급락을 하기 시작 한 2만5천 원.

1년 이후 도달 가능 가격: 단기 급락에 따른 가격 메리트에 투자를 하기 때문에 중장기 도달 가능 가격은 설정하지 않음.

매도 시점: 2만4천 원 이상에서 이익 실현 또는 비교 위의 기업으로의 교체 매매.

덕산네오룩스는 서울에서 멀리 떨어진 울산에 있는 회사이다. 따라서, 기업탐방을 진행하려면 하루 작정하고 날을 잡아야 한다. 나는 기업탐방이 쉽지 않은 관계로 정기적으로 주식IR담당자에게 전화를 해서 기업 현황을 파악하고 있다. 그런데, 주식IR담당자는 서울에 주기적으로 출장을 와서 여의도 기관투자자들을 상대로 IR활동을 하고 있다. IR 활동에 아주 적극적인 회사 중 하나이다. 이는 아주 바람직한 모습이라고 생각이 된다.

어떤 회사는 극히 일부 기관투자자들에게만 기업탐방을 허용하며, 기업탐방을 간 친분이 있는 펀드매니저에게 기업의 현황이 어떤지 물어보면 주식IR담당자가 제대로 회사에 대해서 이야기를 해 주지 않아서 기업탐방 의미가 전혀 없었다고 하는 경우도 있었다. 그런 회사는 국내외 기관투자자들이 회사의 주식을 매수하기 어려운 상황을 스스로 만드는 행동이다. 국내외 펀드매니저들은 특정 종목을 매수하게 되면 매수를 한 이유를 회사에 보고를 해야 한다. 그런데, 회사 현황을 자세히 이야기해 주지 않기 때문에 주식을 매수하고 싶어도 매수하지 못하도록 회사가 자초를 하는 것이다.

효자 노릇 하는 신규 상장 종목 - 신진에스엠, 테크윙

　나는 신규로 상장되는 회사들은 항상 주식IR담당자와 전화 통화를 해서 기업탐방 가치가 있는지를 파악한다. 신규 상장 주식들 중에서 성장성이 유망하거나 남들과는 차별화된 경쟁력을 가지고 있는 기업이라고 판단이 되면 가급적 빠른 시일에 기업탐방을 진행한다. 단기 수급 악화로 상장하자마자 주가가 급락을 하더라도 좋은 주식은 쉽게 주가가 회복되는 경우가 많기 때문이다. 여기 소개하는 두 회사는 2011년도에 기업이 상장하자마자 기업탐방을 진행했던 기업들이다. 오래 전에 탐방하였던 기업을 소개하는 이유는 기업탐방을 한 이유가 명확하기 때문에 일반투자자들에게 도움이 된다고 생각하기 때문이다.

표준플레이트라는 생소한 제품을 만드는 회사: 신진에스엠

　나는 표준플레이트라는 생소한 제품을 만드는 신진에스엠이 상장되자마자 회사 주식IR담당자에게 전화를 하였고, 기관투자자들이 관심을 가질 만한 종목이라는 확신이 들어서 바로 기업탐방 일정을 잡았다.

기업탐방 일시: 2011년 12월 첫 탐방(이후 2~3회 추가로 기업탐방 함)

탐방 시 질문과 답변 내용

1. 올해 매출액과 영업이익 등 예상 실적과 2012년도 실적 전망은 어떤가?

주식IR담당자의 답변: 2011년도 예상 매출액은 아직 진행 중이라서 정확하게 예측하기는 어려우나 시장에 알려진 전망치와 비슷할 듯하다. 내년 목표는 올해보다 매출액과 영업이익 각각 20% 이상 증가하는 것이다.

2. 표준플레이트가 주식시장에서 생소한 단어인데, 제품에 대해서 더 자세히 설명을 해 달라.

주식IR담당자의 답변: 간단히 말해서 각종 산업의 부품제작에 사용되는 기초 소재인 금속이라고 이해하면 된다. 우리의 최종 고객은 각종 산업의 부품제작 업체이다. 부품 제조 회사들은 표준플레이트를 깎아내거나 구멍을 내서 원하는 사양의 부품을 만든다.

3. 경쟁관계인 회사와 경쟁사 대비 장점과 단점은?

주식IR담당자의 답변: 비상장회사인 성화에스티라는 회사가 경쟁업체이다. 그러나, 우리는 표준플레이트 생산 전용 설비를 보유하고 있는 관계로 경쟁사보다 효율성이 아주 높다. 규격화된 플레이트를 생산하기 때문에 플레이트 손실율이 경쟁업체나 임가공업체보다 월등히 적고, 따라서 영업이익률이 타 회사보다 훨씬 높다.

4. 향후 일본시장에 진출하려는 이유와 구체적인 계획은?

주식IR담당자의 답변: 내년 이후 일본 표준플레이트시장에 진출할 계획이다. 일본은 전통적으로 산업용 부품의 경쟁력이 높은 나라이다.

장기적으로 일본 현지에 플레이트 생산 공장을 건설할 계획이고, 당장은 국내에서 생산한 플레이트를 수출할 계획이다.

5. 제품의 판매 경로에 대해서 좀 더 자세히 설명해 달라
주식IR담당자의 답변: 최종 고객사가 워낙 많은 관계로 대리점을 통해서 전방산업의 고객들에게 표준플레이트를 납품하는 구조이다.

6. 재고 관리는 어떻게 하는가?
주식IR담당자의 답변: 자동 재고 관리 시스템을 통해서 규격별로 1~2주 정도의 재고를 관리 중이다.

7. 연구 인력 현황은?
주식IR담당자의 답변: 연구 인력은 선행연구팀 4명/제품개발팀 5명으로 구성되어 있다. 선행 연구팀은 신규 아이템개발 및 주력 설비 연구 개발을 하고 있고, 제품개발팀은 설비 시운전 및 가공품 정밀 측정을 담당하고 있다. 직원들에게는 회사 근처에 기숙사를 제공하고 있다.

결론: 영등포 일대에는 플레이트를 제작하는 소규모 공장이 많이 있다. 이 업체들은 고객으로부터 플레이트 납품 주문을 받으면 고객이 원하는 규격에 맞추어서 플레이트 소재를 구입, 깎아서 플레이트를 납품하고 있다. 따라서, 플레이트를 생산하는 과정에서 원

재료의 손실율이 높고, 품질도 균일하게 유지하지 못하고 있다. 반면에 신진에스엠은 처음부터 규격화된 플레이트를 생산·납품하는 관계로 원재료 손실율이 극히 적으며, 이것이 경쟁업체보다 영업이익률을 높여준다. 경쟁업체와는 차별화된 생산 시스템으로 생산의 효율성을 월등히 높인 회사이며, 기관투자자들이 관심을 가질 만한 회사이다.

기업탐방 이후 나는 판매 대리점에 전화를 해서 신진에스엠의 표준 플레이트 제품 경쟁력을 체크하였다. 대리점에서는 대체로 신진에스엠 제품에 만족해하였다.

신진에스엠 기업탐방에서 나는 운이 좋게도 직접 회사 CEO에게 산업 전반에 대한 설명을 들을 수 있었다. 회사의 CEO는 기계 공학을 전공한 엔지니어 출신으로 오랜 연구 끝에 신진에스엠의 플레이트 생산 전용 설비를 직접 개발한 분이셨다. 따라서, 누구보다도 플레이트 산업을 잘 이해하고 있으며, 해외 진출 등의 구체적인 계획을 일일이 챙기는 모습을 볼 수 있었다. 기업탐방이 끝난 후 나는 회사CEO, 주식IR담당자와 함께 구내 식당에서 저녁식사를 하였다. 외국인 생산직 직원들을 포함해서 모든 직원들이 회사 CEO와 섞여서 자연스럽게 식사를 하는 모습을 보면서 회사 CEO의 성품도 간접적으로 파악할 수 있었다. 식사를 하면서 회사의 CEO와 여러 이야기를 할 수 있었고, CEO는 표준플레이트 산업에서 큰 성과를 낼 때까지는 다른 사업에는 신규로 진입을 하지 않을 것이라고 힘주어 강조하였다. 기업탐방에서 만나 본 아주 인품 있고 격식을 차리지 않는 CEO 중 한 분이셨다.

　참고로 나는 기업탐방 후 회사의 구내 식당에서 식사를 할 기회가 생기면 거절하지 않고 식사를 하는 편이다. 식당에서의 직원들의 얼굴표정을 살펴 보아도 회사의 미래에 대한 이미지가 그려지기 때문이다. 즐겁고 활기차게 대화를 나누면서 주변 동료들과 함께 식사를 하는 회사가 있는 반면, 그저 아무 말 없이 식사만 하는 무거운 분위기의 회사도 있었다. 당연히, 의욕이 넘치는 직원들이 근무하는 회사의 미래가 더 밝을 것이다.

기술력으로 승부하는 새내기 회사: 테크윙

　앞에서 예를 든 신진에스엠과 비슷한 시기에 상장이 된 테크윙 역시 사업의 내용을 검토 후 주식IR담당자와 전화 통화를 해서 탐방할 가치가 있는 기업이라고 판단을 내리고 기업탐방을 곧바로 진행하였다.

기업탐방 일시: 2011년 11월 첫 탐방(지금까지 주기적으로 회사의 현황을 파악 중임)

탐방 시 질문과 답변 내용

1. 반도체 경기가 바닥인 올해, 작년보다 실적이 좋아지고 있는 이유는?
주식IR담당자의 답변: 반도체 후공정 과정에서 생산된 반도체를

테스트하는 장비와 연결되는 핸들러이기 때문에 반도체 경기보다
는 고객사의 반도체 생산량과 관계가 많다. 그렇기 때문에 반도체
경기와 상관없이 매년 매출은 꾸준히 증가하는 구조이다.

2. 내년도 실적 전망은?

주식IR담당자의 답변: 올해보다 20% 이상 성장하는 것이 목표이
다. 우리는 주로 글로벌 일본 테스트장비 생산업체와 함께 고객사
에 납품을 하는 구조이기 때문에 큰 어려움이 없을 것으로 본다.
(테크윙은 반도체 소자를 테스트하는 테스트장비에 연결되는 테스
트핸들러를 생산하는 회사이다.)

3. 현재의 테스트 핸들러시장 점유율에 대해서 좀 더 자세히 설명
해 달라

주식IR담당자의 답변: 삼성을 제외한 거의 모든 반도체 생산회사
가 우리의 고객사이다. 따라서, 글로벌 점유율은 40% 이상일 것이
다. 삼성은 계열회사로부터 테스트핸들러 장비를 납품 받고 있다.

4. 삼성전자에 납품을 못하는 주된 이유는 무엇인가?

주식IR담당자의 답변: 테스트핸들러의 성능과 효율성은 우리 회사
제품이 월등히 우수하다고 자부한다. 회사 경영진은 오래 전부터
삼성과 거래를 하려고 계속 영업 중이다.

5. 비메모리시장 진출 계획은?

주식IR담당자의 답변: 비메모리시장 테스트핸들러는 기술적으로 메모리시장 장비보다 쉽다. 진입하는 데 전혀 어려움이 없고, 현재 제품 개발은 끝낸 상태이다. 내년 초부터 고객사에게 테스트용으로 납품을 시작할 예정이다.

6. 연구인력 현황은?

주식IR담당자의 답변: 비메모리시장 진출에 대비해서 작년 말 39명에서 현재 53명까지 연구인력을 충원한 상태이며, 원하는 직원들에게는 회사 근처에 기숙사를 제공하고 있다.

결론: 삼성전자를 제외한 거의 모든 국내외 반도체 생산업체가 고객사이며, 글로벌 테스트 장비회사와 함께 장비를 납품 중이기 때문에, 이러한 경험을 바탕으로 비메모리시장 진입이 어렵지 않을 것으로 판단됨. 더욱이 장비 납품과 연동되어 마진율이 높은 소모성 부품인 C.O.K 매출이 늘어나서 회사 수익 증가에 기여할 것으로 판단됨. 주기적인 탐방 및 전화로 계속 관심종목으로 지켜 봐야 할 회사임.

나는 테크윙의 경쟁력을 파악하기 위해서 협력관계에 있는 일본의 테스트 장비회사에 전화를 하려고 했으나 일본어를 못해서 그만두었다. 물론 영어를 할 줄 아는 일본인이 있겠으나, 글로벌 일본 기업이 파트너로 테크윙을 선택했다는 사실 하나만으로도 테크윙의 제품 경쟁력은 충분히 검증이 된 것으로 판단이 되었다. 테크윙이 생산하고 있는 테스트핸들러는 생산된 반도체를 테스트하기 위한 적절한 온도와 환경을 만들어 주고 반도체를 자동으로 테스트 장비가 테스트할 수 있는 공간으로 이동시켜 준다. 또한, 테스트가 끝난 반도체를 불량여부에 따라 자동 분류해서 수납시켜주는 장비이다. 따라서, 테스트장비와 한 세트로 반도체 회사에 납품이 되고 있다. 글로벌 테스트장비회사가 자사의 테스트핸들러 장비 대신 테크윙의 장비를 사용해서 반도체 회사에 판매를 하는 이유는 바로 효율적인 테스트 환경 조성에 테크윙의 장비가 기술적으로 비교우위에 있기 때문이다.

현재의 테크윙 주식IR담당자는 상장했을 당시와 동일인이다. 7~8년간 같은 사람이 주식IR업무를 담당해 왔기 때문에 회사의 내용을 이해하기 쉽게 잘 설명해 준다. 그리고, 어느 회사 주식IR담당자보다도 훨씬 정직하다는 생각을 많이 한다. 사실, 회사의 실적이나 영업 현황에 대해서 과장되게 이야기하는 주식IR담당자도 간혹 있지만 테크윙의 주식IR담당자는 그런 부분이 전혀 없기 때문에 오히려 테크윙 회사의 주가에는 긍정적이다. 주식시장의 관심을 모으기 위해서 과장되게 회사의 영업 현황을 이야기한다면 단기간 주가 상승은 가능하지만 결국은 주식시장의 신뢰를 잃게 되어 중장기적으로는 오히려 회사의 이미지와 주가에 나쁜 영향을 미치게 된다. 과장되게 회사에 대해서 포장을 하는 행동이 주식IR담당자의 개인적인 성격과도 관련이 있긴 하겠으나, 이는 회사의 CEO의 성품을 간접적으로 파악할 수 있는 것이다. 회사의 CEO가 평소 정직성과 신뢰를 강조하는 사람이라면 CEO의 의사와 전혀 반대로 주식IR담당자가 과장되게 이야기하기는 어렵기 때문이다.

안정적이고 꾸준히 성장하는 회사 - 민앤지, 오로라

카카오M과 함께 가장 안정적으로 꾸준히 성장을 할 회사가 바로 민앤지라고 나는 판단하고 있다. 철저히 가입자의 수에 따라 실적이 좌우되기 때문에 안정적으로 성장을 하는 회사이다. 단기간 주가가 급등을 하긴 쉽지 않으나, 외부 요인으로 주가가 급락을 하게 되는 경우 가장 먼저, 그리고 쉽게 주가가 회복되는 회사라고 자신 있게 말할 수 있다.

가입자수에 따라 매출이 달라지는 안정적인 기업: 민앤지

기업탐방 일시: 2017년 10월

탐방 시 질문과 답변 내용

1. 내년 예상 실적이나 목표 실적에 대해서 이야기해 달라.
주식IR담당자의 답변: 아직 4분기 영업 중이기는 하나 현재의 가입자 수 증가추이를 봤을 때 내년에도 매출액과 영업이익 20% 이상은 증가할 것으로 기대하고 있다.

2. 민앤지 자체 영업과 자회사인 세틀뱅크의 영업을 설명해 달라.
주식IR담당자의 답변: 민앤지는 휴대폰도용방지서비스와 로그인플러스서비스, 휴대폰간편로그인서비스 등을 주로 하고 있다. 온라인게임 신작 출시 급증으로 이용자 수가 늘어나고 있다. 자회사인 세틀뱅크는 간편송금의 증가로 가상계좌서비스(2016년 기준 매출비중 65%)가 증가 중이며 전자상거래 등의 증가로 간편계좌결제 서비스가 계속 증가 중이다.

3. 2017년도 매출은 크게 증가할 것으로 보이나, 영업이익 증가율은 거기에 미치지 못하는 이유는?
주식IR담당자의 답변: 연결기준 매출 비중이 50%가까이 되는 세틀뱅크의 영업이익률이 민앤지보다 다소 떨어지기 때문이다.

4. 가상화폐와 관련이 있는지 궁금하다. 있다면 어떤 수혜인지?
주식IR담당자의 답변: 가상화폐 매매계좌 입출금 관련 간편 결제도 담당을 하고 있다. 그러나, 매매와 관련된 부분이 아닌 계좌 입출금과 관련된 부분만 간편결제를 해 주고 있어서 회사 이익에 크게 기여하지는 못한다.

5. 향후 신규 사업은 계획하거나 준비중인 내용이 있는가?
주식IR담당자의 답변: 아직 답변 드릴 수 있는 부분은 없다,

6. 연구 인력 현황에 대해서 설명해 달라.
주식IR담당자의 답변: 2017년 9월말 현재 25명인데, 추가적으로 플랫폼개발 및 앱 개발에 연구 인력을 늘릴 예정이다.

결론: 아이디어가 돋보이는 사업 - 민앤지의 로그인플러스 서비스

를 예로 들어보면, 각종 웹사이트 로그인시 발생할 수 있는 아이디와 비밀번호 유출을 막기 위해서 가입자가 설정한 4자리 숫자 비밀번호에 사칙연산을 매번 바꾸어서 계산해서 입력하도록 하고 있다. 만일 내가 비밀번호를 1000으로 설정을 해 둔 상태에서 웹사이트 로그인 시 이번에는 '비밀번호 - 70'의 계산값을 입력해야 로그인 할 수 있도록 한 서비스이다. 매번 사칙연산이 달라지고 이에 따라 입력하는 계산값이 달라지기 때문에 아이디와 비밀번호 유출을 방지할 수 있는 것이다. 현재 민앤지의 모든 서비스는 특허로 등록이 되어 있어 보호를 받고 있다.

신규 경쟁자 진입이 어려운 사업 구조 - 스마트폰 사용자가 각종 제휴사웹사이트(쇼핑, 게임, 포털 등)에 가입 후 민앤지의 서비스를 이용하면서 월 사용료 1천 원을 매달 이동통신사에 납부를 한다. 민앤지는 이동통신사로부터 천 원 중 700원을 받아서 500원은 이익으로 수취하고 200원을 제휴사에 지급하는 구조이다. 이미 선점한 민앤지 이외에 제휴사는 다른 업체와 2차 본인인증서비스를 하기 어려운 구조이다. 왜냐하면, 또 다른 2차 본인인증서비스 사업자를 위해서 따로 서버를 마련해야 하고 휴대폰 사용자가 사용할 수 있도록 새로운 서비스개발을 위한 테스트 등 추가로 많은 비용을 들여야 하기 때문이다. 제휴사 입장에서는 추가로 비용을 들일 하등의 이유가 없다.

다품종 소량 생산의 전형: 오로라

완구제작과 캐릭터 개발 및 라이센싱을 하고 있는 오로라는 민앤지나 카카오M보다는 영업이익이 안정적으로 성장하지는 못하지만 다른 기업들보다는 상대적으로 안정적인 실적을 내는 회사이다.

IFRS(연결)	Annual				Net Quarter			
	2014/12	2015/12	2016/12	2017/12(P)	2017/03	2017/06	2017/09	2017/12(P)
매출액	1,230	1,223	1,434	1,436	357	309	384	387
영업이익	146	135	148	160	43	23	55	40
당기순이익	86	62	63	130	33	12	42	44
지배주주순이익	87	62	67		32	10	41	
비지배주주순이익	-1	0	-4		0	1	1	
자산총계	1,893	2,011	2,077		1,975	2,044	2,189	
부채총계	1,092	1,150	1,184		1,083	1,133	1,232	
자본총계	800	861	893		892	912	956	
지배주주지분	799	860	897		895	913	952	
비지배주주지분	1	1	-3		-3	-1	4	
자본금	54	54	54		54	54	54	
부채비율	136.43	133.61	132.49		121.42	124.27	128.85	
유보율	1,410.35	1,523.41	1,634.30		1,630.93	1,664.53	1,737.85	
영업이익률	11.86	11.06	10.31		11.94	7.37	14.23	
지배주주순이익률	7.10	5.08	4.70	9.09	9.08	3.37	10.64	11.41
ROA	4.66	3.16	3.08		6.47	2.36	7.89	
ROE	11.49	7.49	7.66		14.47	4.60	17.53	
EPS (원)	811	577	626	1,212	301	97	380	410
BPS (원)	7,552	8,117	8,671		8,655	8,823	9,189	
DPS (원)	100	100	100					
PER	16.28	24.35	16.79					
PBR	1.75	1.73	1.21		1.11	1.14	0.95	

위의 오로라 재무제표에서 볼 수 있듯이 영업이익은 연도별로 약간의 변동은 있지만, 매출은 비교적 꾸준히 증가하고 있는 것을 볼 수 있다.

기업탐방 일시: 2016년 2월

1. 분기별 실적 변동성이 있는지?

주식IR담당자의 답변: 크리스마스가 있는 4분기가 전통적으로 가장 성수기이다. 따라서, 4분기 실적이 가장 좋다.

2. 최근 출시한 큐비주 마케팅은 어떻게 진행되는가?

주식IR담당자의 답변: 큐비주의 제작에 이탈리아 몬도 티비와 국내 EBS의 지분 참여가 이루어져 있어서 관련 회사와의 협업을 계획하고 있다. 올해 3월부터 EBS방송을 통해서 일단 애니메이션이 방영될 예정이다. 관련 캐릭터 완구 출시도 예정되어 있다.

3. 유통사업은 어떤가?

주식IR담당자의 답변: 2015년 완구 유통사업을 새롭게 시작하였는데, 현재 동탄, 김포, 일산, 구리 등 4개 매장을 운영 중이다. 올해까지 6개 매장을 추가로 오픈할 계획이다. 우리는 고정비 부담을 낮추기 위해서 매장 선정 시 임대료를 민감하게 우선적으로 고려하고 있다.

4. 캐릭터 라이센싱 사업은 어떠한가?

주식IR담당자의 답변: 현재 캐릭터 관련 매출이 전체의 1% 내외로 아주 미미하다. 미키마우스의 경우 100년이 넘은 캐릭터이다. 시간이 많이 흐르고 지금처럼 계속적으로 '유후'와 '큐비주' 캐릭터 마케팅을 진행하면 우리도 세계적인 캐릭터로 만들 수 있다고 자신한다. 다만, 언제 가시화될지는 예측하기 힘들다.

5. 해외 현지법인별 영업전망은 어떤가?

주식IR담당자의 답변: 현재, 미국, 영국, 홍콩에 현지 법인이 있다. 매출 비중은 당연히 미주 지역이 절반 이상으로 크다. 미국 완구 경기여부에 따라서 실적이 큰 영향을 받는다.

6. 환율 영향은 어느 정도인가?

주식IR담당자의 답변: 각 현지법인에서 매출과 비용을 현지 통화로 하기 때문에 우리는 환율 영향이 적다고 보고 있다.

결론: 현재 완구종류별로 수천만 원에서 많게는 수억 원의 매출이 모여서 천 억이 넘는 회사 전체 매출이 나오고 있다. 수많은 완구가 매년 판매가 되고 있는 구조라서 상대적으로 매출 변동성이 적다. 회사에서는 환율 영향이 적다고 하나 결국은 해외 현지법인에서 벌어들인 돈이 원화로 환율 적용되어 결산 실적에 반영되는 관계로 달러가 강세일 때 영업이익은 회사에 우호적일 수밖에 없다. 꾸준히 성장이 가능한 회사로 판단된다.

언젠가는 미키마우스 같은 글로벌 캐릭터를 만들게 된다면, 오로라의 주가는 현재보다 아주 많이 상승할 것이다. 헬로키티 캐릭터는 현재 완구, 문구, 가구, 음료수 등 여러 제품의 디자인에 이용되고 있다. 오로라는 본업인 완구 산업에서 꾸준히 이익을 내면서 캐릭터 사업을 지속적으로 확장시키고 있다. 주식IR담당임원은 캐릭터 사업은 꾸준히 준비하고 영업 활동과 마케팅을 지속적으로 하다 보면 어느 순간에 글로벌 인지도를 높이면서 회사의 이익 증가에 크게 기여를 하게 된다고 말해 주었다. 글로벌 인지도가 상승을 하면 그 이후에는 추가적인 투자가 필요 없는 고부가가치 사업이라고 강조를 하였다. 삼성동에 위치한 기업을 방문하고 나오면서 오로라 주식을 매수해서 오로라가 키우고 있는 캐릭터가 글로벌 인기를 얻을 때까지 기다릴 수 있는 일반투자자가 과연 있을까 하는 생각이 들었다. 10~20년을 보고 투자를 하는 워렌 버핏이 오로라 기업을 탐방하였다면 아마도 오로라의 캐릭터가 글로벌 인기를 얻을 때까지 기다릴 것 같다.

치열한 생존 경쟁 - 사람인에이치알

내가 사람인에이치알을 현재 관심종목에 넣고 꾸준히 주시하고 있는 이유는 기업탐방 이후 일본의 사례를 공부하면서 믿기 어려운 주가 상승이 가능하다고 판단을 했기 때문이다.

사람인에이치알 이전에 한국의 인력채용 관련 대표 기업은 잡코리아와 인크루트였다. 리쿠르트는 일본의 대표기업이다. 현재, 일본은 인력채용 관련 시장을 리쿠르트가 독점 중이며 경쟁 회사가 전혀 없는 상황이다. 리쿠르트 그룹은 인력 채용뿐만이 아니라 주택, 여행, 미용, 레스토랑, 결혼, 출산 등 인간의 라이프 관련 토탈 서비스를 목표로 하고 있으며 시가 총액은 32조 원에 달하고 있다. 현재 국내 인력채용 관련 시장은 사람인에이치알이 잡코리아와 인크루트를 추월한 상태이며 최종 승자는 일본 리쿠르트의 현재 모습을 따라갈 가능성이 아주 많다. 사람인에이치알이나 잡코리아, 인크루트 모두 시장을 독점한 리쿠르트가 현재 무슨 일을 하고 있으며 시가 총액은 얼마인지 누구보다 잘 알고 있을 것이다. 최후의 승자는 시장 독점이라는 아주 큰 성과를 얻게 될 것이다.

먼저, 내가 사람인에이치알에 관심을 보인 이유는 대선관련주이기 때문이었다. 2012년 대선 당시 주가는 일자리 창출 기대감으로 미리 여름부터 시작해서 단기간에 2배 이상 상승하였다. 이런 학습효과로 2017년도 대선에서도 주식시장의 관심을 다시 받을 가능성이 높기 때문에 미리미리 준비하는 차원에서 기업을 탐방하게 되었다. 예상치 못한 대통령 탄핵으로 사람인에이치알 주식의 매수 시기를 정하는 전략에 약간의 차질이 생겼지만 기업탐방 이후 2017년도 실전 투자를 하기까지 계속해서 관심을 두고 기업의 현황을 파악했었다.

테마주에는 투자를 하지 말자고 제2부에서 분명히 설명을 했는데, 대선테마주에 투자를 한다고 하니 이해를 못하는 일반투자자들이 아주 많을 것이다. 앞에서 언급하였듯이 나는 테마주에는 절대로 투자를 하지 않는다. 대부분의 테마주들은 관련 내용과는 무관한 기업이거나 관련이 있더라도 실적은 아직 나타나지 않고 있는 경우가 대부분이다. 눈에 보이지 않는 기대감에 투자를 하는 것은 무모하다고 판단하기 때문에 테마주는 피하는 것이다. 그러나, 사람인에이치알은 다른 테마주들과는 분명 다르다고 생각을 한다.

첫째, 대부분의 대선 테마주들은 특정 후보와 관련된 기업이다. 대선기간 동안 후보자의 지지율의 등락에 따라서 관련 기업들의 주가 역시 춤을 춘다. 하지만, 사람인에이치알은 인력채용관련 종목이고 모든 대선 후보자들은 가장 먼저 일자리 창출 방안을 대선공약으로 항상 꼽는다.

둘째, 대부분의 테마주들은 기업 실적만을 놓고 보면 기본적 분석가들은 절대 살 수 없는 종목들이다. 만성적으로 적자인 기업들이 수두룩하다. 반면에 사람인에이치알은 아주 안정적으로 실적이 좋아지는 기업이다.

Financial Highlight [연결|전체]				단위 : 억원, %, 배, 천주	연결	별도	전체	연간	분기

IFRS(연결)	Annual				Net Quarter			
	2014/12	2015/12	2016/12	2017/12(P)	2017/03	2017/06	2017/09	2017/12(P)
매출액	553	685	737	813	196	206	194	218
영업이익	42	103	134	155	28	49	38	39
당기순이익	33	87	104	34	26	40	37	-69
지배주주순이익	33	87	104		26	40	37	
비지배주주순이익	0	0	0		0	0	0	
자산총계	660	722	830		845	877	916	
부채총계	63	80	92		94	85	89	
자본총계	598	642	737		751	791	827	
지배주주지분	598	642	737		751	791	827	
비지배주주지분	0	0	0		0	0	0	
자본금	58	58	58		58	58	58	
부채비율	10.45	12.48	12.48		12.49	10.80	10.77	
유보율	988.35	1,119.31	1,282.91		1,305.39	1,375.22	1,437.12	
영업이익률	7.68	14.98	18.17		14.52	23.67	19.80	
지배주주순이익률	5.88	12.68	14.14	4.23	13.46	19.48	19.29	-31.74
ROA	4.90	12.57	13.43		12.59	18.61	16.68	
ROE	5.37	14.02	15.11		14.16	20.77	18.48	
EPS (원)	279	747	896	296	226	344	321	-596
BPS (원)	5,442	6,097	6,915		7,027	7,376	7,686	
DPS (원)	80	90	120					
PER	40.08	30.80	19.65					
PBR	2.06	3.77	2.55		2.92	2.71	2.60	

위의 화면은 사람인에이치알 재무제표이다. 매년, 그리고 분기별로
도 아주 안정적으로 성장하고 있는 모습을 볼 수 있다. 실적이 좋은 관
계로 대선이라는 테마가 소멸이 되어도 다른 테마주들과는 다르게 주
가가 크게 하락할 가능성이 없다. 실제로 대선 테마가 사라진 2018년도
주가는 대선기간보다 더 오른 상태이다.

인력 채용 관련 시장의 새로운 강자: 사람인에이치알

기업탐방 일시: 2016년 2월

1. 올해 실적 전망은 어떠한가?

주식IR담당자의 답변: 2015년도 하반기 로고광고 단가 인상이 올해는 온기로 반영되면서 작년보다 매출과 영업이익 모두 20% 내외로 성장할 것으로 기대하고 있다.

2. 부문별 매출 비중은 어떤가?

주식IR담당자의 답변: 온라인 부문인 로고 매출이 전체 매출의 90% 이상이다. 로고매출이란 채용공고를 당사 취업포털사이트 메인화면에 위치할 수 있도록 구인 기업에 우리 회사 포털사이트의 위치를 파는 데 따른 수익이다. 나머지는 아웃소싱과 헤드헌팅의 오프라인 부문이다.

3. 월간 취업포털 방문자수(MUV)는 경쟁회사와 비교했을 때 어떤가?

주식IR담당자의 답변: 2012년도 경쟁회사를 추월한 이후 그 격차를 계속해서 벌리고 있다. 우리는 투자를 지속적으로 많이 해서 그 효과가 계속 나타나고 있다.

4. 회사의 새로운 경쟁력은 무엇인가?

주식IR담당자의 답변: 스마트폰 대중화로 모바일 앱을 통한 방문자가 급증하고 있다. 현재 모바일쪽에 회사의 역량을 집중하고 있다. 지속적인 연구 개발을 할 것이다. 이것이 경쟁회사와 차별화를 이루는 전략이다.

5. 잡코리아와의 차별점은 무엇인가?

주식IR담당자의 답변: 우리는 지속적인 연구개발 투자로 취업포털 시장의 1위 자리로 올라 섰다. 반면에 경쟁회사는 투자에서 우리보다 뒤지기 때문에 우리는 계속 그 격차를 벌린다는 목표를 가지고 있다.

6. 연구 인력 현황은?

주식IR담당자의 답변: 우리는 연구개발 관련 인건비로 말씀을 드린다. 2015년도 연구 개발과 관련된 인건비는 39억으로 2014년보다 10억 가까이 증가하였다. 우리 회사의 비용은 인건비와 광고비가 대부분이다.

결론: 인터넷검색포털시장의 최후 승자가 되면서 네이버의 실적과 주가는 크게 올랐다. 마찬가지로, 인터넷 취업포털시장에서의 승자도 네이버와 같은 길을 걸을 것이다. 2017년도 대선시기에 관

심을 가지고 매매를 할 예정이다. 취업포털시장의 경쟁관계를 계속 파악할 것이다. 인터넷 취업 포털 사이트에서의 기업의 구인 광고유치를 통해서 수익을 내는 회사인 관계로 당연히 월간 취업포털 방문자수가 회사의 실적 전망에 있어서 가장 중요한 판단 기준이다. 월간 취업포털 방문자수는 기업탐방 당시였던 2016년도 초에는 회사의 주장대로 경쟁회사들과 격차를 계속 벌리는 중이었으나, 그 이후 경쟁회사들과의 격차가 점점 줄어들고 있다. 그 이유는 구직자들이 사람인 취업 포털 사이트를 방문한 후 혹시라도 사람인 취업사이트에는 없는 기업의 구인 광고가 있는지 확인하기 위해서 잡코리아와 인쿠르트 사이트도 차례로 방문을 하기 때문이다. 이러한 고민 끝에 2015년부터 모바일 사업에 회사의 역량을 집중하였고 그 결과 현재 사람인에이치알은 스마트폰에서 구직활동을 하는 사람들에게 인공지능을 이용한 자동추천 서비스를 제공해주면서 타 업체와 차별화를 이루고 있다.

기업탐방을 오래 하면서 나는 방문한 기업의 직원들이 근무하는 모습을 보면 실제로 열심히 일을 하고 있는지 아닌지 구별할 수 있는 능력이 생기게 되었다. 사람을 아주 많이 만나서 대화를 하다 보니 생긴 능력인 것 같다. 사람인에이치알은 제조업이 아닌 서비스 회사인 관계로 회사 직원들이 가장 큰 자산이다. 지금까지 사람인에이치알을 2번 방문하였는데 방문할 때마다 '직원들이 참 열심히 근무하고 있다'라는 생각이 든다. 업무에 집중을 하는 직원, 컴퓨터의 모니터를 뚫어지게 바라보며 무엇인가를 깊게 생각하고 고민하는 직원, 업무에 대해서 주변 동료와 대화를 나누는 직원들을 쉽게 찾아 볼 수 있었다. 회사의 근무 분위기는 항상 사뭇 진지했었다. 반면에 기업탐방을 가보면 여기가 회사인지 놀이터인지 구별을 못할 정도로 어수선한 분위기의 회사도 있었다. 삼삼오오 모여서 커피를 마시며 수다를 떠는 직원들, 외부인인 내가 사무실에 들어오자 화들짝 놀라며 모니터의 쇼핑 웹사이트 화면을 서둘러서 업무 화면으로 바꾸는 직원, 심지어 꾸벅꾸벅 졸고 있는 직원들이 근무하는 회사를 방문하게 되면 '시간과 교통비만 낭비하는 하루구나'라는 생각이 든다.

운영자금 조달 공시를 보고 눈치를 챈 기업: 테스

주요사항보고서 / 거래소 신고의무 사항

금융위원회 / 한국거래소 귀중	2013년 7월 23일

회 사 명 : 주식회사 테스

신주인수권부사채권 발행결정

1. 사채의 종류		회차	1	종류	무기명식 이권부 무보증 분리형 사모 신주인수권부사채
2. 사채의 권면총액 (원)					15,000,000,000
2-1 (해외발행)	권면총액 (통화단위)		–		–
	기준환율등				–
	발행지역				–
	해외상장시 시장의 명칭				–
3. 자금조달의 목적	시설자금 (원)				–
	운영자금 (원)				15,000,000,000
	타법인증권 취득자금 (원)				–
	기타자금 (원)				–
4. 사채의 이율	표면이자율 (%)				0.0
	만기이자율 (%)				1.0
5. 사채만기일			2018.07.24		
6. 이자지급방법		본 사채 발행일 익일로부터 상환기일까지 각 사채 권면총액에 대하여 연이율 0.00%로 한다.[단, 만기까지 보유한 채권에 대하여는 만기보장수익률을 연복리 1.0%로 한다.]			

7. 원금상환방법	가. 만기까지 보유하고 있는 "본 사채"의 원금에 대하여는 사채의 만기일(원금상환기일)에 사채 원금의 100%에 해당하는 금액을 일시 상환한다. 단, 상환기일이 은행영업일이 아닌 경우에는 그 다음 영업일로 하고, 상환기일 이후의 이자는 계산하지 아니한다. 나. 조기상환청구권(Put Option)에 관한 사항: 본 사채의 사채권자에게는 본 사채의 발행일로부터 2년이 경과하는 날(2015년 7월 24일) 및 그후 매 3개월마다 본 사채 권면금액의 전부 또는 일부에 해당하는 금액에 대하여 그 조기상환을 받을 수 있는 권리가 있다. 사채권자의 조기상환청구는 조기상환기일 60일 전부터 30일 전까지 발행회사에 대한 서면통지로써 하여야 한다. 조기상환기일이 영업일이 아닌 경우 다음 영업일에 상환하고 원금 상환기일 이후의 이자는 계산하지 아니하며, 본 사채 원리금 전액이 조기상환되더라도 신주인수권의 행사에는 영향을 미치지 아니한다.
8. 사채발행방법	사모
행사비율 (%)	100
행사가액 (원/주)	8,430
행사가액 결정방법	증권의 발행 및 공시 등에 관한 규정상 기준주가(신주인수권부사채 발행을 위한 이사회결의일 전일을 기산일로 하여 그 기산일부터 소급한 ① 1개월 가중산술평균주가 ,② 1주일 가중산술평균주가 및 ③ 최근일 가중산술평균주가를 산술평균한 가액과 최근일 가중산술평균주가 및 청약일(또는 납입일) 삼)3거래일전 가중산술평균주가 중 높은 가액)의 100%에 해당하는 가액으로 하며, 호가단위로 절상한다.
사채와 인수권의 분리여부	분리

위의 화면에서 볼 수 있듯이 반도체 장비회사인 테스가 회사 운영자금 조달을 위해 사모 신주인수권부사채 150억을 발행하기로 결정을 한 공시를 접하고 나서 나는 바로 회사에 전화를 하였고 기업탐방을 결정하게 되었다.

반도체나 디스플레이장비회사들의 자금조달 공시는 반드시 체크하자.

나의 기업탐방 경험 상 반도체나 디스플레이 장비 회사들이 갑자기 운영자금이 필요한 경우는 단 두 가지 경우다. 회사의 경영이 어려워지면서 운영자금이 부족하기 때문에 자금을 조달하는 경우가 있다. 이는 굳이 회사에 전화를 하지 않고 재무제표만 살펴 봐도 쉽게 파악할 수 있다. 나머지 다른 하나가 아주 중요하다. 장비회사들의 수주는 경우에 따라서 계약금 일부만 조금 받고 이후 장비를 만들어서 최종적으로 고객사에 입고가 되어야 나머지 많은 돈을 잔금으로 받을 때가 있다. 그리고 수주 규모가 기존 매출액 대비 아주 크다면 기업은 장비를 만들기 위한 자재 구입 비용이 막대하게 필요하게 된다. 테스는 바로 여기에 해당되었다. 거래처로부터 대량의 장비 납품 수주를 받자 회사가 보유하고 있는 현금만으로는 장비를 만들 자재구입 비용이 턱없이 부족하였고, 신주인수권부사채발행을 통해서 필요한 자금을 조달하기로 결정한 것이다. 나는 테스의 다음 년도 실적이 대규모 수주로 인해서 아주 좋아지기 시작할 것이라는 것을 기업탐방 이전에 공시내용을 보면서 경험으로 이미 파악하고 있었다.

기업탐방 일시: 2013년 7월

1. 올해 예상 실적은 어떤가?
주식IR담당자의 답변: 작년과 매출은 비슷한 수준으로 예상이 되나 영업이익은 제품믹스 개선과 원가절감 노력으로 작년보다 나은 실적을 기대하고 있다.

2. 최근 신주인수권부사채를 발행한 주된 이유는 무엇인가?(이미 나는 알고 있다)
주식IR담당자의 답변: 회사 운영자금이 필요해서 발행하게 되었다.

3. 기업 재무구조를 보면 아주 우량한데 왜 갑자기 운전자금이 필요한 것인가?

주식IR담당자의 답변: 구체적인 사항은 답변하기 어렵다.

4. 회사의 장비에 대해서 좀 더 자세히 설명해 달라.

주식IR담당자의 답변: 당사의 반도체 웨이퍼 박막형성에 사용되는 PECVD장비는 현재 삼성과 하이닉스에서 점유율이 꾸준히 상승 중이다. 2010년도 신규로 개발한 Gas Phase Etcher의 경우 미세공정비율이 증가하면 회사의 실적에 크게 기여할 것으로 기대를 하고 있다.

5. 경쟁관계인 회사는 어디인가?

주식IR담당자의 답변: 주로 A, N사등의 외국기업과 경쟁을 하고 있다.

6. 내년도 실적 전망은 어떤가?

주식IR담당자의 답변: 지금 열심히 준비 중이기 때문에 실적이 올해보다 좋아지기를 기대하고 있다.

7. 향후 준비중인 신 사업이나 신제품 개발 계획이 있는가?

주식IR담당자의 답변: 특별한 내용은 없다.

8. 결론: 회사는 아마도 고객사와의 비밀유지 계약으로 구체적인 내용을 말해 주지 못하는 듯하다. 고객에게 추천 후 매수해 드릴 계획이다.

기업탐방 당시 주식IR담당자는 고객사와의 비밀유지 협약 때문에 내가 원하는 답변을 거의 해 주지 못했다. 글로벌 반도체나 디스플레이 생산 회사들은 신 제품 생산을 위한 생산설비투자 전략이 경쟁사에 노출되는 것을 극도로 꺼리기 때문에 장비구입부터 생산까지 회사 기밀유지에 항상 신경을 쓴다. 어떤 장비를 구입했는지 알게 되면 경쟁사들은 그 회사가 지금 무슨 제품을 준비를 하고 있는지 예측이 가능하기 때문이다. 따라서, 을의 입장인 장비회사들은 고객의 비밀유지 조건을 무조건 지켜야 하며, 테스의 주식IR담당자는 비밀유지 협약을 충실히 이행하고 있었다

차라리 기업 청산을 투자자들이 원하는 회사: 디스플레이텍

[표] 이시각 핸드폰 부품 저PBR 순위

순위	종목명	주가	PBR
1	디스플레이텍	3,855	0.48
2	인탑스	11,050	0.50
3	이랜텍	4,570	0.62
4	에스에이티	1,680	0.63
5	모베이스	6,900	0.68
6	성우전자	4,540	0.69
7	우주일렉트로	12,950	0.73
8	장원테크	7,670	0.78
9	알에프텍	5,290	0.83
10	코아시아홀딩스	4,950	0.85
11	블루콤	8,040	0.88
12	알에프세미	6,440	0.97
13	유아이엘	7,900	0.98
14	서원인텍	10,850	1.26
15	슈피겐코리아	40,600	1.26

위의 화면은 디스플레이텍 종목 뉴스이다. 휴대폰 부품 업종 중에서 PBR(주당순자산)이 가장 낮은 종목 순위의 단골 손님이다. 첫 기업탐방 이전에 나는 주식IR담당자에게 오래 전부터 수시로 전화를 했었다. 드디어 기업을 탐방할 시기라고 판단이 되어 2017년도에 탐방을 가게 되었다. 기업탐방 내용은 다음과 같다.

기업탐방 일시: 2017년 10월

1. 현재 삼성 중저가 LCD 모델 몇 종에 납품이 되고 있는가?
주식IR담당자의 답변: 삼성전자가 매년 출시하는 중저가 모델은 수십 종이다. 그중 일부 모델에 우리회사 제품이 들어가고 있다

2. 올해 2분기 실적이 전년대비 개선된 이유는 무엇인가?
주식IR담당자의 답변: 납품 단가가 일시적으로 좋아졌다. 그게 가장 큰 이유이다.

3. 회사의 임대수익으로 직원들 인건비가 커버가 되는지?
주식IR담당자의 답변: 휴대폰용 LCD 모듈 사업이 어려워지면서 인원도 크게 줄어서 현재 30여 명만 있다. 판교 본사와 천안, 안성 공장 임대수익으로 큰 어려움이 없는 상황이다.

4. 신사업 추진은 어떻게 진행되고 있는가?

주식IR담당자의 답변: 작년부터 전담 팀을 만들어 M&A 등 다각도로 신사업을 찾고 있다. 그러나, 아직까지 결정된 사항은 없다.

5. 회사 CEO의 성향에 대해서 말씀해 달라.

주식IR담당자의 답변: 아주 신중하신 성격이고 회사의 자산을 정말 아끼고 함부로 낭비하지 않는 스타일이다. 그래서 신사업도 신중하게 찾고 있는 중이다.

6. 올해 예상 배당금은 얼마인가?

주식IR담당자의 답변: 100원 이상은 할 것 같다. 내년 초 주주총회에서 결정될 것이다.

결론: 현재가인 3,800원보다 3배 정도 높은 실질 주당 자산가치를 보유하고 있는 기업이다. 시가총액이 700억에 불과한 회사가 그렇게 크고 멋진 빌딩을 소유하고 있는 것을 처음 보았다. 회사의 CEO가 신중하게 신사업을 찾는 이유를 건물을 보면서 쉽게 이해할 수 있었다. 판교 요지에 소유하고 있는 빌딩에서 발생하는 비싼 임대 수익만으로도 회사 전체가 먹고 사는 데 아무런 지장이 없어 보였다. 신 사업이 순조롭게 진행이 되면 기본적으로 주당 만 원 이상의 주가는 회복될 것으로 판단이 되어 장기 투자에 적합한 종목으로 생각이 된다.

디스플레이텍 주식을 보유하고 있는 일반투자자들은 최근 주식시장의 관심인 제약 바이오회사를 인수해서 신약 개발 사업을 하기를 원할 것이다. 실제로 기존 사업에 한계를 느끼고 신약 개발 준비 단계에 있는 회사를 인수해서 주가가 단기간 크게 오른 주식도 최근에 있다. 생산 설비가 없는 디스플레이텍은 어느 기업보다도 수월하게 신약 개발 사업에 진출할 수 있을 것이다. 그러나, CEO의 성향상 전혀 연관성이 없는 제약 바이오 사업에는 진출하지 않을 것 같다. 투자자 입장에서는 CEO를 믿고 기다리는 수밖에 없을 듯하다.

새롭게 추가한 경쟁력 - 제이브이엠, 아이센스

든든한 지원군을 얻은 회사: 제이브이엠

기업탐방일시: 2014년 3월

1. 올해 예상 실적과 내년도 실적 전망에 대해서 설명해 달라.

주식IR담당자의 답변: 올해는 전년보다 매출액과 영업이익이 각각 20% 이상 증가할 것으로 예상하고 있다. 기존 제품인 ATDPS(Automated Tablet Dispensing Packaging System)의 국내외 판매 호조와 상반기 신제품이 출시 예정이다. 내년에도 역시 20% 이상은 무난히 성장할 것으로 보고 있다.

2. 회사 제품에 대해서 좀 더 설명해 달라.

주식IR담당자의 답변: 약국에서 약사가 처방전을 컴퓨터에 입력을 하면 기계가 알아서 자동으로 조제 및 포장까지 하는 제품이다. 올해 출시하는 신제품은 조제 오류 최소화 및 약물 상호 작용 예방을 강화한 제품이다. 추가로 약품관리자동화솔루션 관련 신규 사업을 추진 중이다.

3. 회사가 내세우는 경쟁력은 무엇인가?

주식IR담당자의 답변: 국내에서 가장 먼저 ATDPS를 출시하면서 의약품 조제 자동화를 이끌었다. 이후 꾸준한 연구 개발 및 신제품 출시로 높은 경쟁력을 가지고 있다고 자부한다.

4. 현재 연구 인력 현황은 어떤가?

주식IR담당자의 답변: 연구인력은 구체적으로 말씀드릴 수 없으며, 우리는 연간 80억 내외로 꾸준하게 연구개발 관련 비용이 발생하고 있다.

5. 해외시장 진출 계획은 어떤가?

주식IR담당자의 답변: 2010년 6월 유럽 네덜란드 지역에 합작법인을 설립하여 신제품 판매에 기대가 크다. 현재 미주 지역은 대리점을 통해서 판매를 하고 있으며, 현지 법인 직접 설립 등의 계획은 아직 확정된 바 없다.

결론: 의약품 자동 조제 시스템만을 오랫동안 연구개발해 온 제이브이엠은 자신의 영업 분야에서 계속해서 경쟁력을 키우고 있는 것으로 판단된다. 계속해서 추적 관찰하면서 좋은 가격대에 주가가 오면 매수를 할 예정이다.

기업탐방 이후 시간이 많이 흐른 뒤 제이브이엠은 한미사이언스에 인수가 되었다. 현재, 제품 개발 및 생산은 제이브이엠이 담당을 하고 국내외 판매는 한미사이언스가 전담을 한다. 아예 제이브이엠의 고객사는 한미사이언스이다. 제이브이엠은 한미사이언스에 물건을 팔고, 한미사이언스는 다시 국내외 고객에게 판매를 하고 있다. 내가 지금도 계속해서 관심을 가지는 이유는 제이브이엠과 국내 제약업계 1위인 한미약품의 지주회사인 한미사이언스의 영업망은 비교가 안 될 정도이기 때문이다. 특히, 한미그룹은 중국에 현지법인을 오래 전부터 두고 영업을 해 오고 있다. 이는 제이브이엠의 실적을 한 단계가 아닌 두세 단계 올려주는 기회가 될 것으로 나는 확신하고 있다. 제약업종도 기업의 영업력이 회사 실적에 많은 영향을 미치기 때문이다. 2018년도부터 본격적으로 한미약품과의 시너지가 기대된다. 분기별 실적 체크와 제이브이엠의 공장가동률 등을 종합적으로 판단하면서 계속 관심을 가질 것이다.

중국이라는 거대시장에 도전장을 내민 회사: 아이센스

혈당체크기기 및 혈당스트립을 생산하는 회사로 이제 막 글로벌시장에서 의미 있는 점유율을 내기 시작한 회사이다. 내가 아이센스를 탐방한 이유는 상대적으로 안정적인 실적을 내면서 성장성도 동시에 갖춘 회사라고 판단을 내렸기 때문이다. 다음은 아이센스의 기업탐방 내용이다.

기업탐방 일시: 2016년 1월

1. 올해 실적전망이나 목표는 어떠한가?

주식IR담당자의 답변: 올해는 작년보다 매출과 영업이익 모두 30% 이상 증가할 것으로 기대하고 있다. 주요 고객사인 아크레이사 전용 송도 공장 증설이 예정되어 있다. 물론, 고객사의 추가 물량 요청이 있었다.

2. OEM/ODM업체인 일본의 아크레이가 왜 아이센스 제품을 OEM 으로 납품 받고 있나?

주식IR담당자의 답변: 혈당스트립은 고객과 공급자간의 오랜 신뢰 관계가 필요하다. 그만큼 아크레이는 우리의 혈당스트립을 신뢰하고 있다는 증거이다. 제품 품질은 뛰어나고 아크레이사가 직접 생산하는 것보다 효율적이라고 판단했기 때문에 추가 물량을 요청했을 것이다.

3. 중국 진출은 현재 어떻게 이루어지고 있는가?

주식IR담당자의 답변: 현재 중국 공장은 완공 되었으며, 하반기에 중국 정부 당국의 승인이 나면 바로 생산이 가능한 상태이다. 현재, 중국 현지법인을 통해서 매출이 발생 중이며 국내 생산 물량을 수출하는 형식이다.

4. 수출 지역은?

주식IR담당자의 답변: 수출국가는 50개 나라가 넘으며, 우리의 고객사는 200군데가 넘는다. 글로벌 M/S가 아직은 1%이지만, 그만큼 기회는 열려 있다고 판단한다.

5. 국내 경쟁업체인 인포피아 반사이익은 있는지?

주식IR담당자의 답변: 인포피아의 수혜는 글로벌 기업과 나누어 가지는 관계로 미미하다고 보면 될 듯 하다.

6. 신제품 출시 현황은?

주식IR담당자의 답변: 현재 연속혈당측정기 제품을 개발 중이며 그 외에 여러 제품과 경우에 따라서는 외부 회사 인수도 포함한 성장 전략을 마련 중이다.

결론: 성장성과 안전성을 가진 매력적인 회사라고 판단이 된다. 전 세계적으로 당뇨 환자는 5억 명 정도이고, 그중에서 20% 가까운 1억 명이 중국인이다. 이처럼 거대한 중국 혈당체크시장에 직접 진출하고 있으며, 혈당스트립과 혈당측정기기가 일치해야 하기 때문에 한번 거래관계가 형성이 되면 고객이 쉽게 거래처를 바꿀 수 없는 구조이다. 주가가 조정을 보일 때마다 매매를 할 계획이다.

아이센스가 개발 중인 연속혈당측정기의 글로벌시장 규모는 2016년도 8,000억에서 2020년도에는 2조 원까지 규모가 확대될 것으로 예상되고 있다. 현재, 대부분의 당뇨환자가 사용하고 있는 혈당체크보다 훨씬 간편하고 바늘로 찔러야 하는 고통 없이 신체 일부에 붙이기만 하면 되는 연속혈당측정기시장에 진입을 한다는 것은 아주 의미가 크다. 그 이유는 현재 글로벌 몇 개 기업만이 연속혈당측정기를 개발 상용화한 상태이기 때문이다. 글로벌 경쟁업체가 많지 않고 시장 규모는 크게 확대되고 있다는 사실은 아이센스에게는 큰 기회이다. 아이센스는 2019년 내지는 2020년도에 연속혈당측정기시장에 진출할 것으로 예상되고 있다. 2018년 안으로 국내 인허가를 완료할 예정이다. 그렇게 된다면 국내 최초로 웨어러블 의료기기 제품을 선보이는 기업이 될 것이다.

주가를 한 단계 올려준 히트 상품 출시 - 손오공

부모와 아이들이 줄을 서서 제품을 사던 회사: 손오공

허니버터칩, 터닝메카드, 진짬뽕, 불닭볶음면……. 주식투자를 하는 분들은 내가 어떤 의도로 위의 단어를 언급했는지 금방 눈치를 채셨을 것이다. 히트 상품 하나로 주가가 한 단계 레벨 업 된 회사들이다.

다음은 손오공의 기업탐방 내용이다.

기업탐방 일시: 2015년 2월

1. 초이락과 손오공의 거래 관계를 자세히 설명해 달라.
주식IR담당자의 답변: 관계회사인 초이락이 완구를 개발 및 생산하고 있으며, 손오공은 유통하는 구조이다. 초이락과 손오공의 수익 배분은 완구 종류 별로 조금씩 차이가 있다.

2. 헬로카봇과 펜타스톰의 현재 완구시장 순위는?
주식IR담당자의 답변: 토이저러스 홈페이지 남아완구/액션 카테고리에서 실시간 매출 순위를 파악할 수 있다. 우리도 그곳 순위를 참고로 하고 있다.

3. 연간 매출이 어느 정도 되어야 BEP를 넘기는가?

주식IR담당자의 답변: 완구 매출이 중요한데 연간 300억은 넘어야 한다.

4. 터닝메카드 신제품에 대해서 설명해 달라.

주식IR담당자의 답변: 변신로봇인데 초이락이 100억 이상을 들여서 연구개발한 신제품이다. 회사에서 기대가 크다.

5. 추가적인 재고 자산 상각이 있는가?

주식IR담당자의 답변: 작년에 많이 해서 추가로 상각해야 하는 재고 자산은 많지 않다. 유통회사인 손오공은 팔지 못한 재고 자산은 나중에 상각을 해야 한다.

6. 해외 진출 계획은?

주식IR담당자의 답변: 하더라도 해외 진출은 우리보다는 먼저 초이락이 중국시장에 진출할 가능성이 높다.

7. 국제 유가 하락이 물류비 절감에 도움이 되는가?

주식IR담당자의 답변: 생각보다는 유류비 절감 효과가 그리 크지 않다.

결론: 기업탐방을 준비하면서 나는 손오공이 완구 개발 및 제작은 하지 않고 단순히 유통만 담당한다는 사실을 알게 되었다. 펜타스톰, 헬로카봇, 그리고 터닝메카드 등 주요 완구의 판매 현황을 수시로 파악하면서 매수 기회를 포착할 예정이다.

당시 손오공 회사를 탐방한 이유는 터닝메카드가 아니고 변신로봇인 헬로 카봇과 펜타스톰의 판매 현황을 체크하기 위해서였다. 그런데, 아주 운 좋게도 기업탐방을 하였던 당시 터닝메카드가 새롭게 출시된 지 얼마 안 되던 시기였다. 기업IR담당자는 기존 제품이 아닌 신제품인 터닝메카드에 회사에서 많은 기대를 하고 있다는 점을 수 차례 강조하였다. 기업탐방 후 나는 집 근처 마트에서 신제품인 터닝메카드 몇 종류를 사서 당시 초등학교 3학년이었던 둘째 아들에게 주었다. 둘째 아들은 장난감에 한참 빠져있을 나이였고, 새로운 장난감인 터닝메카드를 너무 좋아하였다. 그 이후 나는 토이저러스 홈페이지 완구 매출 순위와 이마트, 홈플러스 등 매장 방문 확인 등을 통해서 터닝메카드의 인기가 날로 치솟는 것을 직접 눈으로 확인할 수 있었다. 기업탐방을 진행하면서 얻은 행운이었다. 한창 터닝메카드가 어린이들 사이에서 인기일 때엔 모든 완구 매장에서 제품은 없고 '터닝메카드 품절'이라는 문구만을 볼 수 있었다.

친누나는 집 근처 홈플러스에 갔다가 부모와 어린이들이 손잡고 길게 줄을 서는 모습을 보고 도대체 무엇을 사려고 하는지 줄을 따라서가 봤더니 터닝메카드를 팔고 있었다고 전화로 말해 주었다. 어린이 한 명당 두 개만 살수 있도록 제한을 두었으나, 금방 물량이 동이 나서 구매를 하지 못한 어린이들은 땅바닥에 주저 앉아서 울어 대고 부모는 아이를 달래고 난리도 아니었다고 말해 주었다.

기업 설명회의 분위기로 주가 흐름을 알 수 있다

기업탐방을 오래 하면서 온갖 많은 경험을 하였다. 이번에 소개하는 내용은 독자 여러분들께 오픈을 해도 좋을지 오랫동안 고민했었다. 철저한 기업 분석을 통해 유망 종목에 투자를 해서 수익을 낸다는 원칙과는 거리가 아주 먼 투자이기 때문이다.

경기도에 위치한 산업용기기를 생산하고 있는 회사를 탐방한 시기는 대략 3~4년 전이었다. 구체적인 제품에 대한 설명은 피하겠다. 제품을 소개하면 어떤 회사인지 바로 짐작을 할 수 있기 때문이다. 오랜 시간 동안 회사의 실적은 주식시장에서 관심을 가질 정도가 아니었고, 주가도 투자하기에는 변동성이 너무 적은 회사였다. 그렇기 때문에 회사도 특별히 해 줄 회사 내용이 없기 때문에 개별 기업탐방을 평소 받아주지 않는 회사였다. 그런데, 그 해 년도 초에 깜짝 놀랄 정도의 작년 4분기 실적을 발표하였다.

나는 즉시 기업에 전화를 해서 주식IR담당자에게 궁금한 점 몇 가지를 질문하려고 했었다. 주식IR담당자는 다음주에 본사 대회의실에서 대규모 IR행사를 진행하니 그때 참석해서 궁금한 점은 질문을 하라고 말해 주었다. 나는 당연히 회사 IR행사에 참석을 했다. 구체적인 참석 인원은 30명 내외로 주로 국내 기관투자자, 자문사, 증권사 애널리스트였던 것으로 기억한다. 회사의 작년 4분기 실적이 갑자기 좋아진 충분한 이유는 없었으며, 마지막으로 올해의 회사 실적 전망치를 발표하자 분위기가 일순간에 뜨거워지는 것을 나는 온몸으로 느낄 수 있었다. 가

만히 듣고 있다가 실적 전망치를 발표하자 갑자기 노트에 실적 전망치를 적기 시작하는 사람들, 가져온 노트북의 자판기를 열심히 두드리는 소리, 주변 지인과 귓속말을 하는 모습 등등 현장의 분위기는 최고조로 달아 오르고 있었다.

문제는 회사가 전망하는 연간 실적 전망치가 깜짝 실적이 나온 작년 4분기 실적 곱하기 4라는 것이었다. 회사가 전망하는 실적에 대한 충분한 근거는 전혀 없었다. 이는 전망치가 아닌 회사의 희망이자 목표치라고 나는 판단을 했다. 당연히 투자 관심종목에 등록을 할 주식이 아니었다. 그러나, 나는 뜨거운 기업 설명회 현장 열기를 느끼면서 '여기에 참석한 사람들 중 상당수는 이 회사 주식을 사겠구나'라는 생각이 들었다. 그래서, 나는 투자 원칙을 처음이자 지금까지는 마지막으로 어기면서 그 다음날 해당 주식을 일부 고객들께 사드렸다. 역시나 회사의 주가는 수급의 개선으로 단기간 꽤 많이 올랐다. 물론, 이는 직접 IR행사에 참석하지 않고서는 알 수 없는 내용이다. 그리고, 당연히 권하는 투자 방법은 아니다.

평소 습관이 나를 살리다 - 잘만테크

모뉴엘이 인수한 기업의 탐방: 잘만테크

2011년도 모뉴엘은 잘만테크의 제3자 배정 유상증자 참여 방식으로 잘만테크를 인수하였다. 당시 모뉴엘은 빌게이츠가 혁신 기업으로 극찬을 한 히든챔피언이었다. 국내외로 극찬을 받고 있었기 때문에 아무도 2014년 모뉴엘 사태를 예상하지 못했을 것이다. 나는 모뉴엘이 잘만테크를 인수했다는 뉴스를 시간이 어느 정도 흐른 뒤인 2012년도에 알게 되어 크게 흥분을 하였고 나의 관심종목으로 편입을 해 두었다가, 적당한 시기로 생각한 2013년도 3월 잘만테크 기업탐방을 하였다.

제2의 SPC삼립식품으로 판단했던 잘만테크

내가 잘만테크 인수 소식을 알게 된 후 크게 흥분을 한 이유는 바로 SPC 삼립식품을 놓친 아쉬움이 아주 컸기 때문이었다. SPC그룹이라는 단어를 처음 들어 본 사람은 있어도 파리바게트, 던킨도너츠, 베스킨라빈스31 등의 브랜드를 한번도 보지 못한 대한민국 국민은 아마도 없을 것이다. 바로 이런 유명 브랜드의 주인이 SPC 그룹이었고, SPC그룹의 유일한 상장회사가 바로 SPC삼립식품(예전에는 삼립식품)이다. SPC그룹에서 조금만 삼립식품을 지원해 준다면 삼립식품의 주가와 실적은 크게 오를 것이라는 확신이 있어서 나는 당연히 삼립식품에 큰 관심을 보였다. 그러나, 그룹에서는 수년간 삼립식품을 거의 방치하다시피 하였고 삼립식품의 실적과 주가는 1~2만 원대에서 움직였다. 내가 아주 아쉬워하는 이유는 삼립식품은 기업탐방을 받아 주지 않는 회사였기 때문이다. 수년간 회사에 큰 변화가 없기 때문에 언제 어떤 변화가 생길지 도통 알 수가 없었고, 기업탐방을 통해서 파악을 하려고 했었으나 탐방을 받아 주지 않는 관계로 결국은 삼립식품을 포기했었다.

잘만테크 기업탐방

삼립식품에 대한 아쉬움이 너무나 컸기 때문에 이번에는 잘만테크는 놓치지 않겠다고 다짐을 하고 모뉴엘이 인수한 이후 계속 추적 관찰을 하였다. 그리고, 2013년 3월 잘만테크 기업탐방을 진행하였다. 회사에 들어서는 순간 나는 다시 한번 흥분을 하였다. 회사 입구에 있는 '모뉴엘&잘만테크'라는 간판을 쉽게 볼 수 있어서였다.

연간 매출 1조 원이상에 영업이익이 천 억 이상(물론 가공된 실적으로 2014년도 밝혀졌다)인 모뉴엘이 시가총액이 500억에 불과한 잘만테크를 지원한다면 주가는 몇 배는 쉽게 오를 수 있기 때문이었다.

모뉴엘 기업에 대한 풀리지 않은 의문점이 나를 살렸다

기업탐방 전 평소처럼 사전 준비 작업을 하면서 생긴 가장 큰 의문점은 모뉴엘은 어떻게 영업이익률이 10%가 넘느냐였다. 국내 대표 글로벌기업들의 가전부문 영업이익률이 3% 이하인데 모뉴엘은 10%가 넘는 것이 도무지 이해가 되지 않았다. 이를 확인하기 위해서 나는 잘만테크 주식IR담당자에게 모뉴엘IR담당직원과의 미팅을 의뢰하였다. 당시, 모뉴엘은 제주도로 본사를 이전하기로 준비하던 시기였고, 모뉴엘 IR담당자 역시 바쁜 관계로 쉽게 미팅을 하지 못했다. 그렇게 시간이 흐르고 그 이듬해 모뉴엘 사태가 발생하면서 잘만테크 역시 상장폐지를 겪게 되었다. 의문점이 풀리기 전까지는 절대로 주식을 매수하지 않는 평소의 습관이 없었다면, 나는 잘만테크 투자로 막대한 손실을 입었을 것이다. 실제로 빌게이츠가 극찬했다는 뉴스만을 믿고 모뉴엘이 인수한 잘만테크 투자로 큰 손실을 입은 사람이 주변에도 있었다.

4차산업혁명을 대비하는 기업 - 팅크웨어, 민앤지

조만간 산업 전반에 큰 혁신적인 변화를 가져올 4차산업혁명을 조용하지만 착실하게 준비 중인 두 회사를 소개하고자 한다. 두 회사 모두 과거 탐방을 진행했던 기업이며, 회사가 준비 중인 내용들을 지속적으로 살펴보면서 누구보다 먼저 4차산업과 관련된 가시적인 성과를 낼 기업이라고 판단을 내렸다.

1) 빅데이터 관련 가장 앞선 기업 중 하나인 팅크웨어

팅크웨어는 자동차용 네비게이션 사업으로 예전에 큰 돈을 벌었으나, 많은 네비게이션 생산업체의 등장으로 한때 어려움을 겪었다. 그리고, 팅크웨어는 기존 자동차용 네비게이션 사업의 한계를 극복하고자 이동통신사인 KT에 제공할 휴대폰용 네비게이션 App을 개발하였다. 나는 KT에 네비게이션 App 납품을 준비 중이던 무렵 팅크웨어 기업탐방을 진행하였고, 그 이후 지속적으로 주식IR담당자와 연락을 지금도 하고 있는 기업이다. 애널리스트의 리포트를 보면 팅크웨어가 네비게이션 사업을 해 오면서 쌓아둔 지도 관련 데이터가 4차산업혁명 관련 자율주행에서 중요한 역할을 할 것이라고 분석하고 있다. 이와 더불어 팅크웨어는 추가적으로 빅데이터 관련 비즈니스 준비를 착실히 하고 있다고 나는 판단한다.

팅크웨어는 올해 초에 LG유플러스와 협력해서 사물인터넷 블랙박스를 개발할 것이라고 언론에 공개를 했다. 통신형 블랙박스라면 데이터가 당연히 쌓이게 될 것이고 차량이 돌아 다니면서 블랙박스가 얻는 정보들은 4차산업혁명에서 아주 유용한 빅데이터로 사용될 것이다. 물론, 나의 개인적인 판단이기는 하지만 주식투자자라면 지속적으로 팅크웨어에 관심을 가져야 한다고 생각한다. 그 이유는 다음과 같다.

2017년도 10월 현대경제연구원의 분석 자료에 의하면 전문가들은 4차산업혁명의 3대 핵심 기술을 인공지능, 사물인터넷, 빅데이터 순으로 선정하였다. 인공지능기술이야말로 4차산업혁명의 핵심 중의 핵심이라는 주장에 많은 사람들이 인정을 할 것이다. 그러나, 나는 빅데이터 역시 인공지능 기술만큼 아주 중요하다고 생각을 하고 있다. 아무리 좋은 인공지능 기술을 가지고 있어도 충분한 양의 빅데이터가 없다면 최적화된 결과물을 인공지능 컴퓨터가 도출해 낼 수 없기 때문이다. 맛있는 음식이 없다면, 아무리 좋은 숟가락이 무슨 소용이 있겠는가?

2) 블록체인 기반 기술 개발 및 공급업을 사업목적에 추가한 민앤지

기업탐방 사례에서 다루었던 기업인 민앤지는 위의 화면에서 볼 수 있듯이, 2018년도 2월 주주총회에서 사업목적에 '블록체인 기반 기술개발 및 공급업'을 추가하였다. 사실 민앤지뿐만이 아니라 여러 기업들이 4차산업과 관련된 사업을 사업목적에 추가하는 공시를 내고 있다. 전혀 연관성이 없는 기업조차 4차산업과 관련된 사업을 정관에 추가시키는 문제점을 다룬 뉴스를 최근에 접한 적도 있었다. 이는 당연히 옥석을 가려내야 할 것이다.

민앤지는 웹사이트 로그인 시 입력하는 ID와 비밀번호의 유출에 따른 피해를 방지하기 위한 2차 본인인증 서비스, 웹사이트 로그인 시 필요한 ID와 비밀번호의 분산 보관으로 해킹을 방지하며 간편히 로그인할 수 있는 서비스, 휴대폰 도용방지 서비스를 현재 주력 사업으로 하고 있다. 자회사인 세틀뱅크는 게임이나 인터넷 쇼핑 시 이용하는 간편결제 서비스와 일반인들이 은행 송금 시 이용하는 임시 계좌번호 발급 서비스를 주된 사업으로 이미 하고 있다. 민앤지의 현재 여러 사업 내용으로 볼 때, 가상화폐의 거래 내역을 거래자 다수가 공유함으로써 해킹 피해 방지가 목적인 블록체인과 관련된 여러 서비스 개발에 앞서 있는 기업이라고 생각을 해서 여러분께 소개를 하는 것이다.

또 한 가지, 회사가 새롭게 신사업을 하기 위해서는 주주총회를 통해서 사업목적을 추가하여야 한다. 사업목적을 추가하는 이유는 크게 두 가지이다. 첫째, 극히 일부의 회사들은 단지 주식시장의 관심을 끌기 위해서 사업목적을 추가하는 경우가 있다. 기존에 하던 사업이 어려움을 겪으면서 일단은 뭐든지 해 보려는 생각에 최근 주식시장의 관심의 대상인 사업을 사업목적에 추가하는 경우이다. 당연히 실제 결과물은 나오는 경우가 거의 없다. 둘째, 실제로 착실히 준비 중인 신사업을 하기 위해서 사업목적에 추가하는 경우이다. 대부분의 회사들은 여기에 해당할 것이다. 민앤지 역시 주주총회에서 블록체인과 관련된 신사업을 사업목적에 추가한 이유는 실제로 블록체인과 관련된 사업을 하겠다는 의도이다. 민앤지는 현재 기존 사업에서 자회사인 세틀뱅크 실적과 합쳐서 연간 200억 이상의 영업 이익을 내고 있는 우량회사이다. 한마디로 주식시장의 관심을 끌기 위해서 보여주기 식으로 사업목적에 신 사업을 추가할 하등의 이유가 없다. 나는 지속적으로 민앤지 회사를 관찰할 것이다.

황사와 미세먼지 - 크린앤사이언스

2017년부터 심해진 황사와 미세먼지로 인해서 관련 주식들이 많이 상승을 하였다. 크린앤사이언스는 공기청정기용 필터와 자동차용 여과지를 주로 생산하는 중소기업이다. 크린앤사이언스도 2017년도부터 주가가 많이 상승을 하였다가 2018년도 5월 들어서서 주가가 고점대비 많이 하락을 하여 관심종목으로 지켜보게 되었다. 증권전문가의 크린앤사이언스 분석에 따르면 공기청정기용 필터는 경쟁회사가 사업을 철수하면서 국내 시장 점유율이 70%까지 상승을 하여 독과점적인 위치에 있다고 한다. 생활환경의 변화로 공기청정기시장은 급속도로 규모가 커지고 있는데 관련 필터 생산시장에서 독점적인 위치를 확보했다니, 크린앤사이언스 종목 투자에 이 얼마나 매력적인 상황인가?

특별히 드릴 말씀이 없다며 기업탐방을 받지 않는 회사

회사에 전화를 하기에 앞서 나는 항상 그랬듯이 먼저 전자공시에 나와 있는 2018년 1분기 실적과 사업의 내용을 충분히 검토하였다. 그런데, 공기청정기시장의 성장에 따라서 예상대로 매출액은 전년 동기 대비 아주 많이 증가(173억에서 236억으로 무려 36% 증가)를 하였으나, 영업이익은 거의 변동이 없는(15억에서 16억으로 1억 증가) 것을 확인할 수 있었다. 긍정적으로 보이는 점은 올해도 2차례에 걸쳐서 필터관련 신규시설투자를 결정했다는 점이었다. 공기청정기시장이 계속 커지고 있다는 것을 보여주는 것이다.

　기업탐방을 위해서 회사에 전화를 걸어 주식IR담당자와 통화를 하였으나, 주식IR담당자는 전화상으로 궁금한 점을 질문해 달라고 요청을 했다. 기업을 방문해도 특별히 더 말해 줄 내용이 없다며 전화로 자세히 답변을 해 주겠다는 것이었다. 사업의 내용이 어렵지 않고 특별히 신사업 등 새롭게 준비중인 내용이 없다면, 나 역시 굳이 기업탐방을 하지 않아도 충분히 크린앤사이언스 기업의 내용을 분석할 수 있겠다는 생각에 전화로 궁금한 사항을 질문하고 답변을 얻었다. 대략 시간은 15분 정도 소요되었다. 주요 질문과 답변 내용은 다음과 같다.

크린앤사이언스 전화 통화 일시: 2018년 5월 25일

1. 2018년도 1분기 매출액은 전년대비 크게 성장을 하였으나, 영업이익은 거의 증가하지 않은 이유에 대해서 설명해 달라.
주식IR담당자의 답변: 매출의 절반을 차지하고 있는 자동차용 여과지의 영업 상황이 전년보다 나빠졌다. 국내 자동차 산업 자체가 좋지 못하다. 또한, 수출관련 원화 강세 환율 영향도 영업이익에 영향을 주었다. 그리고, 공기청정기용 필터 역시 고객으로부터 납품단가 인하 압력은 계속되고 있다.

2. 현재의 매출액 구성은 어떻게 되어 있는가?
주식IR담당자의 답변: 2017년 매출구성은 여과지 45%, 필터 45%,

부직포 10%였는데, 올해 1분기는 여과지 40%, 필터 55%, 부직포 5%로 필터 매출이 계속 증가 중이다.

3. 올해 2차례나 신규 시설 투자를 했는데, 고객사의 필터 추가 납품 요청에 의한 시설 투자인가?
주식IR담당자의 답변: 고객사의 요청에 의한 신규시설투자이다. 현재, 전북 공장을 증설 중이다.

4. 공기청정기 필터시장의 70%를 점유하고 있고 고객의 요청에 의해서 필터 생산 설비투자를 늘리고 있는데도 불구하고, 납품단가 인하 압력을 받는 큰 이유는 무엇인가? 잘 이해가 안 된다.
주식IR담당자의 답변: 일단, 우리의 고객은 삼성, 엘지 등 대기업들이 많다. 시장 규모가 커지고 있지만 지금까지 계속해서 납품단가 인하 압력을 받아 오고 있다. 그리고, 공기청정기용 필터시장 점유율이 70%이지만 이는 필터시장 자체가 작아서 신규 진입 회사가 없는 것이지 진입장벽이 높은 시장이라고 할 수도 없다. 필터시장의 나머지 30%는 영세업자가 생산을 하고 있는 상황이다. 여러 상황을 고려했을 때, 납품단가 인하 압력으로부터 자유롭지가 못한 상황이다.

4. 납품단가 인하 압력을 타개할 방안은 가지고 있는가?
주식IR담당자의 답변: 회사는 다각도로 영업이익을 개선시킬 방안을 찾고 있다.

크린앤사이언스 주식IR담당자와 통화 후 나는 위닉스에 전화를 걸어 위닉스의 영업 현황을 체크하면서 공기청정기용 필터 부분도 체크를 해 보았다. 공기청정기용 필터시장에 대해서 수요자인 위닉스가 누구보다 더 잘 알고 있기 때문이었다. 공기청정기시장이 급격히 커지고 있지만 필터의 수급에는 큰 문제가 없다고 위닉스의 주식IR담당자는 말해 주었다.

5. 결론: 먼저, 크린앤사이언스 회사에 대한 내 결론은 지극히 개인적인 판단이라는 점을 분명히 밝힌다. 공기청정기시장이 급격히 커지면서 크린앤사이언스 역시 필터 매출이 크게 늘어나고 있는 상황이고 계속 시설투자를 하는 중이다. 그러나, 필터가 공기청정기 생산회사 입장에서는 반드시 필요한 부품이지만, 동시에 언제든지 마음만 먹으면 생산을 할 수 있는 시장이라고 판단이 된다. 한마디로 말해서 귀찮아서 안 만드는 것이지, 필터 수급에 문제가 된다면 필터 생산을 어렵지 않게 시작할 수 있는 것이다.
납품단가 인하 압력의 어려운 상황은 업력이 오래된 크린앤사이언스가 충분히 지혜롭게 극복할 수 있는 상황이나, 필터시장 규모가 지금보다 훨씬 더 커진다면 당연히 신규 필터시장 진입자가 생길 것이다. 나는 오히려 그 점이 크린앤사이언스의 고민거리가 될 것이라고 생각이 된다.

6. 일반투자자에게 드리는 팁: 만일, 나 역시 일반투자자였다면 공기청정기시장의 성장에 따라 필터를 생산하는 크린앤사이언스가 수혜를 받을 것이라는 증권전문가들의 분석을 믿고 크린앤사이언스 주식을 매수하였을 것이다. 대부분의 크린앤사이언스 일반 주주는 그런 단순한 판단을 내리고 크린앤사이언스의 주주가 되었을 것이다. 그러나, 이렇게 자세히 분석을 해 보면 기업이 당면해 있는 상황이 우리의 막연한 생각과는 크게 다르다는 것을 알 수 있다. 다시 말하지만, 이는 기술적 차트 분석이나 재무제표 분석만으로는 절대로 알 수 없다. 기업탐방이나 적어도 주식IR담당자와의 전화통화로 파악이 가능한 것이다.

제7부

탐방기업 실전 추천
투자 사례

주식시장의 흐름을 읽는 종목 시세 화면 만들기

나는 기업탐방을 통해서 또는 주식IR담당자와의 전화 통화로 기업에 대한 분석을 끝낸 후 투자할 가치가 있는지 여부를 먼저 결정하고, 단기 투자 유망종목인지 중장기 투자 유망종목인지 정해서 관심종목 화면에 구별해서 넣는다. 나는 기업탐방을 통한 투자 유망종목 선정을 원칙으로 한다. 하지만, 서울에서 너무 멀리 떨어져 있어서 기업탐방이 쉽지 않은 기업이나, 기업탐방을 개별 방문이 아닌 회사 공식적 행사로 대규모IR회의를 진행하는 경우 깊이 있는 주식IR담당자와의 전화통화로 기업탐방을 대체한다. 또 한 가지 단기 급락한 좋은 주식은 시간이 급하기 때문에 전화통화로 기업 분석을 끝낸다. 기업탐방 경험이 아주 많다 보니 기업탐방을 통하지 않고 전화 통화만으로도 종목을 분석하는 데 나는 사실 큰 어려움을 느끼지 못한다.

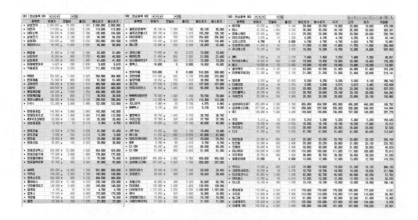

위의 화면은 내가 주식시장의 흐름을 읽는 종목 시세 화면이다. 업종별 대표 기업들을 묶어서 화면을 구성하였다. 좌측 상단부터 IT업종, 금융주, 경기순환업종 대표종목으로 구성하였다. 이렇게 시세를 보는 화면을 구성하면 어느 업종이 강한지 약한지 한눈에 파악이 용이하기 때문이다. 또 다른 목적은 단기간에 갑자기 많이 하락한 주식을 찾기 위함이다. 위의 화면에 있는 주식들은 말씀드린 대로 업종 대표주식들이고 실적 악화가 아닌 다른 이유로 주가가 단기간 급락을 했다면 이는 아주 좋은 매수 기회이기 때문이다.

종목명	현재가	전일비	등(%)	매도호가	매수호가	시가	고가	저가	거래량
삼성전자	2,461,000	0	0.00%	2,464,000	2,461,000	0	0	0	20
삼성SDI	192,500	0	0.00%	200,000	199,500	0	0	0	0
SK하이닉스	81,300	0	0.00%	82,000	81,900	0	0	0	837
고려아연	479,000	0	0.00%	479,000	478,000	0	0	0	18
KB금융	60,700	0	0.00%	61,100	61,000	0	0	0	0
LG디스플레이	26,150	0	0.00%	26,200	26,150	0	0	0	2,713
덕산네오룩스	16,700	0	0.00%	16,900	16,750	0	0	0	10
인텍지	23,800	0	0.00%	24,000	23,950	0	0	0	200
제이브이엠	49,250	0	0.00%	49,600	49,200	0	0	0	0
로엔	109,800	0	0.00%	110,800	110,000	0	0	0	20
테크윙	21,300	0	0.00%	21,550	21,500	0	0	0	50
슈프리마	25,000	0	0.00%	26,050	26,000	0	0	0	4
서흥	32,600	0	0.00%	32,700	32,600	0	0	0	0
강원랜드	28,200	0	0.00%	28,550	28,400	0	0	0	1
아스트	17,950	0	0.00%	18,150	18,000	0	0	0	0
디스플레이텍	3,895	0	0.00%	3,915	3,895	0	0	0	0
사람인에이치알	20,550	0	0.00%	20,550	20,450	0	0	0	5

위의 화면은 내가 실제로 투자를 하는 관심 종목들의 시세 화면이다. 먼저 위의 관심 종목들은 지극히 개인적인 주관에 따라 투자 유망종목으로 최근 파악한 종목들이며, 시간이 지나면서 관심종목이 수시로 달라질 수 있음을 분명히 밝힌다. 화면의 상단에는 삼성전자를 포함해서 대형주 주식들이 위치해 있다. 삼성전자 주식은 굳이 설명을 하지 않아도 될 듯하다. 현재뿐만이 아니라 미래도 아주 잘 준비를 하고 있는 회사이며 주가가 많이 하락을 하면 분할 매수, 주가가 상승하면 이익 실현을 한다. 삼성전자 주식에 대한 나의 투자 의견은 다음과 같다. 다른 종목 모두에 대한 현재의 투자 의견을 적는 일은 큰 의미가 없기 때문에 삼성전자만 예를 들어서 설명하는 것이다. 특정 종목에 대한 나의 투자의견은 기업 실적에 따라서 언제든지 바뀔 수가 있다.

최근의 주식시장과 삼성전자의 올해 반도체와 휴대폰 판매 전망을 반영한 매수 추천가격은 230만 원 초반부터 분할 매수, 250만 원 이상에서의 매도를 고객에게 추천드리고 있다. 작년과는 다른 중국 반도체 회사의 애플 기래 이슈 등 종합적으로 파악했을 때 작년의 사상 최고가인 280만 원대를 돌파하기에는 당분간 쉽지 않아 보이기 때문이다. 물론, 계속해서 삼성전자의 영업 상황을 체크할 것이면 시간이 지나면서 삼성전자의 매수 추천가격과 이익 실현가격은 계속 바뀔 것이다. 나머지 대형주식들은 단기간에 주가가 많이 하락해서 가격 메리트가 생긴 주식들이다. 전체 주식시장과 단기 수급 악화로 주가가 하락한 대형주들이고 이는 대형주 각각의 최근 애널리스트 리포트를 참고로 선정한 주식들이다. 회사의 최근 분기 실적과 향후 전망에 큰 문제가 없는 상황에서의 주가 하락은 실적이 좋은 대형주를 선별해서 싼 가격에 매수할 수 있는 기회이다. 투자 관심종목으로 선정된 대형주들에는 '매수 추천가격: ㅇㅇㅇ원 부근, 3개월 이내 도달 가능 가격: ㅇㅇㅇ원'으로 각각 꼬리표를 달아 놓는다.

대형주 종목들 아래에는 단기 투자 유망 중소형주들이 위치해 있다. 실전 투자 종목으로 선정한 각각의 이유는 여기서 생략하겠다. 앞에서 기업탐방 후 종목을 분석해서 투자 유망 종목으로 선정하는 내용은 충분히 다루었기 때문이다. 단기 투자 유망 중소형주들은 대형주들과 마찬가지로 향후 실적 전망은 뛰어나지만 외부 요인으로 주가가 많이 하락한 주식들과 올해 이후 실적이 크게 증가할 것으로 예상되는 테크윙을 관심종목으로 등록한 것이다. 대형주와 마찬가지로 중소형주들에도 나는 '매수 추천가격: ㅇㅇㅇ원 부근, 3개월 이내 도달 가능 가격: ㅇㅇ

○원'의 꼬리표를 각각 붙여 놓는다.

이익 실현 목표주가인 3개월 이내 도달 가능 가격대는 되도록 지키고자 하지만 시장 상황이 여의치 않으면 언제든지 그 가격 이하에서 이익 실현을 하기도 한다. 또는, 상대적으로 가격메리트가 더 생긴 주식으로의 교체 매매는 언제든지 가능성을 열어 두고 있다.

단기 투자 유망 대형주와 중소형주들의 종목들은 언제든지 수시로 교체가 되는데 회사의 기업 내용에 내가 예상하지 못한 변수가 생긴 경우 지체 없이 관심종목 화면에서 삭제를 한다.

여기서 한 가지 더 중요한 나의 실전 투자 스킬은 매수 추천가격까지 주가가 하락을 하지 않더라도 하락이 멈추는 시점에는 거의 모든 주식들을 매수하고 있다. 관심종목 화면에 편입된 주식들은 기업 내용이 좋은데 주가가 많이 하락해서 관심종목으로 등록을 한 주식들이라서 이미 많이 싸진 주식들이다. 거기서 추가로 더 하락한 가격대가 바로 내가 추천하는 매수 가격대이기 때문에, 글로벌금융위기 같은 시기가 아닌 이상 매수 추천가격대까지 주가가 하락을 한다면 무조건 매수하겠다는 의미이다. 따라서, 내가 원하는 매수 추천가격대까지 주가가 하락하는 행운은 1년에 몇 번 발생하지 않는다. 대부분의 관심종목들은 일정한 가격대에서 하락을 멈춘다. 이를테면, 단기 수급의 악화로 주가가 급락을 한 주식들은 일정 가격까지 하락을 하면 아무리 기관이나 외국인투자자가 계속 주식을 팔아도 더 이상 하락하지 않는 가격대가 발생한다. 그 가격대가 바로 내가 매수하는 타이밍이다. 좋은 회사의 주식은 끊임없이 하락하지 않는다는 평범한 사실을 기억하자.

마지막 종목들은 오랜 기간 동안 그리고 꾸준한 기업탐방과 주식IR 담당자와의 전화 통화로 중장기로 투자 유망하다고 분석을 한 주식들이다. 회사의 성장 전망에 대해서 아주 철저히 분석을 하였고, 오랜 기간 투자를 해야 하기 때문에 재무적으로도 전혀 문제가 없는 회사들이다. 중장기 투자종목들이기 때문에 목표로 하는 수익률은 단기투자 종목들과는 크게 차이가 난다. 2~3년, 길게는 4~5년의 투자로 나는 3~4배의 수익을 내는 것이 목표이다. 매수 시기도 단기투자 종목들처럼 까다롭게 정하지 않고 적당한 시기에 매수를 진행한다. 어차피 길게 보고 투자를 하는 것이기 때문이다. 참고로 중장기 투자 유망 주식 중에서 나는 현재 디스플레이텍만 고객에게 매수해 드린 상태이고, 사람인에이치알은 업종내의 경쟁 관계를 계속 지켜보는 중이다.

내가 중장기 투자로 유망하다고 분석한 주식들은 현재 주식시장의 관심권에 있지 않는 종목들이다. 따라서, 기업 내용을 충분히 알고 오랜 시간 동안 인내할 수 있는 각오가 되어 있지 않은 이상 일반투자자들에게 이 투자 방법을 권해 드리지 않는다. 단기 투자 방법으로도 충분히 수익을 낼 수 있으며, 아무리 철저히 분석을 해서 투자를 한다 하더라도 급변하는 글로벌 경제 상황에서 언제든지 예상치 못한 돌발 변수가 발생할 수 있고 그러면 나는 즉각 장기 투자를 멈추기 때문이다. 특히, 사람인에이치알은 잡코리아와 인쿠르트와의 경쟁이 더욱 심화된다면 단기적으로 실적이 악화될 가능성이 있다는 사실을 일반투자자들에게 말씀드리고 싶다. 현재 나는 1억 이상 투자하시는 고객 중, 총 투자 자산 20% 이내로만 중장기 투자를 고객에게 권해 드리고 있다.

후기: 이 서적을 준비하는 과정에서 삼성전자는 액면분할을 하였고, 로엔은 사명을 카카오M으로 변경하였다가 최근, 카카오와의 합병을 결정하였다.

성공적인 실전투자/실패한 실전투자

　마지막으로 실제로 기업탐방을 한 후 고객에게 추천 후 거래를 해 드린 실제 투자 사례들을 보여 드리고자 한다. 탐방할 기업을 선정하고, 기업탐방에서 어떤 것들을 질문할지 정리하고, 실제로 기업을 탐방한 내용, 그리고 마지막으로 실전 투자에 적용을 시킨 사례를 보여드리면서 기업탐방의 처음부터 마무리까지 보여드리는 것이 진정 의미 있는 작업이라고 생각을 했다.

　성공적인 실전 투자

1) JYP엔터

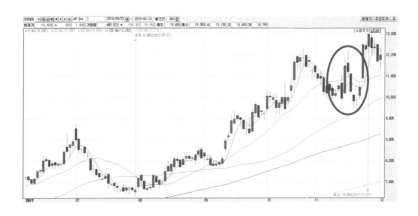

　위의 화면은 JYP엔터의 일봉 차트이다. 1만2천 원대이던 주가가 2017년도 11월 단기간에 1만 원 언저리까지 20% 가까이 급락한 것을

볼 수 있다. 단기간에 주가가 급락한 이유를 먼저 살펴 보자.

종목별공매도거래현황	종목별대차거래잔고	일별대차거래	대차거래잔고	대차거래상위	대차상세			
종목코드 035900 JYP Ent.		조회기간 2017/11/01 ~ 2017/11/30				(단위·원) 다 음		조 회
일자	공매도거래량	총거래량	율(%)	공매도거래대금	공매도단가	종가	전일비	
2017/11/28	131,228	1,911,833	6.86	1,641,710,592	12,510	12,450 ▼	550	
2017/11/27	93,211	2,204,067	4.23	1,169,378,688	12,545	13,000 ▲	600	
2017/11/24	63,728	3,008,053	2.12	795,366,656	12,480	12,400 ▼	200	
2017/11/23	185,955	7,574,253	2.46	2,266,210,560	12,186	12,600 ▲	1,600	
2017/11/22	11,690	1,384,633	0.84	126,621,000	10,831	11,000 ▲	500	
2017/11/21	158,643	1,735,158	9.14	1,640,480,256	10,340	10,500 ▲	50	
2017/11/20	140	1,842,132	0.01	1,465,850	10,470	10,450 ▼	350	
2017/11/17	344,116	2,165,381	15.89	3,767,483,904	10,948	10,800 ▼	750	
2017/11/16	223,310	1,938,972	11.52	2,631,521,280	11,784	11,550 ▼	250	
2017/11/15	26,876	3,847,430	0.70	305,655,040	11,372	11,800 ▲	1,250	
2017/11/14	34,669	1,831,990	1.89	386,583,616	11,150	10,550 ▼	500	
2017/11/13	81,772	899,038	9.10	905,401,920	11,072	11,050 ▲	300	
2017/11/10	21,913	478,314	4.58	236,531,552	10,794	10,750 ▲	100	
2017/11/09	7,501	510,147	1.47	80,827,552	10,775	10,650 ▼	200	
2017/11/08	31,696	737,191	4.30	346,648,512	10,936	10,850 ▼	200	
2017/11/07	52,603	1,078,446	4.88	578,113,472	10,990	11,050 ▲	250	
2017/11/06	74,052	1,565,075	4.73	819,475,072	11,066	10,800 ▼	500	
2017/11/03	110,402	792,331	13.93	1,256,119,040	11,377	11,300	0	
2017/11/02	38,346	845,305	4.54	435,908,256	11,367	11,300 ▼	250	
2017/11/01	4,706	849,739	0.55	54,403,100	11,560	11,550 ▼	50	
공매도거래량합계	1,749,932	총거래량합계		40,153,008	공매도평균단가	11,486		

위의 화면은 JYP엔터 종목의 일별 공매도 현황을 보여주고 있다. 2017년 11월 16일부터 외국인들의 공매도가 급증을 하였고, 이것이 주가가 단기간 급락한 이유였다. 제6부에서 살펴 본 주식IR담당자와의 전화 통화 후의 거래 내역을 살펴 보자.

<JYP엔터 매수/매도>

거래일자	거래번호	수량/좌수	매수금	융자/대출/대주금	수수료	소득세	과세기준가	이자변제	기타수수료금액	시장구분/통화구분	결제선납금
적요명		단가/매매가...	정산금액	신탁납입원본/성과보수	거래세등	지방소득세	이자미수금	연체이자변제	유가반제수량	환율	결제선납금변제
종목명		거래금액	수익증권고평가	수익증권번호/신탁보수	농특세/부가세	양도세	미수변제	기타대여금변제	유가상고수량	국외수수료	미화환산금액
2017/11/22	3	2,320	3,561		121,710						
KOSDAQ매수		10,550	24,597,710						3		
JYP Ent.		24,476,000							2,317		
2017/11/27	1	2,317	28,045,589		140,570						
KOSDAQ매도		12,200	28,042,028		84,802						
JYP Ent.		28,267,400									

위의 화면은 내가 관리해 드리는 고객 중 한 분의 실제 거래 내역이

다. 당연히 고객의 개인 정보는 오픈할 수 없다. 나는 단기간 20% 급락한 JYP엔터가 외국인의 공매도가 계속 이어져도 더 이상 주가가 하락하지 않는 1만 원 부근에서 실제로 매수를 해 드렸고, 3개월 이내 도달 가능한 가격으로 판단한 1만 2천 원대에 주가가 단기간에 도달해서 이익 실현을 해 드렸다.

후기: JPY엔터 주식은 내가 실전 투자를 한 이후에도 꾸준히 상승을 해서 아주 많이 상승을 하였다. 많이 아쉽지만 소속 가수의 활동에 의존하는 수익 구조에서 몇 달 만에 2배 이상 주가가 상승할 것이라고 예상을 하지 못하였다. 아마도 기업탐방을 진행했더라도 몇 개월 만에 주가가 많이 오를 것으로 판단을 내리진 못했을 것이다.

2) 덕산네오룩스

위의 화면은 덕산네오룩스의 일봉 주가차트이다. 2017년도 11월 2만

8천 원대의 주가 형성 이후 주가는 2018년 2월 초 1만8천 원대까지 크게 하락을 한 것을 볼 수 있다. 서울에서 멀리 떨어져 있고 탐방일정을 정해서 분석 이후 주식을 매수하기에는 최근의 주가하락이 쉽게 회복될 가능성이 높은 관계로 JYP엔터와 마찬가지로 주식IR담당자와의 전화 통화로 궁금한 점을 질문하기로 결정하였고 그 내용은 제6부에서 다루었다.

<덕산네오룩스 매수/매도>

거래일자	거래번호	수량/잔수	매수금	융자/대출/대주금	수수료	소득세	과세기준수	이자변제	기타수료금액	시장구분/통화구분	결제선납금
적요명		단가/매매가...	정산금액	신탁납입원본/대과보수	거래세율	지방소득세	이자렴이율료	연체원변제	유가재평수량	환매	결제선납금변제
		거래금액	수익증권건고평가	수익증권권번호/신탁보수	농특세/부가세	양도세	미수변제	기타대여금변제	유가잔고수량	국외수수료	외화정산금액
2018/02/06	2	500	20,427,072		19,900						
KOSDAQ매수		19,900	9,969,900								
덕산네오룩스		9,950,000								500	
2018/02/23	1	500	14,326,302		23,000						
KOSDAQ매도		23,000	11,442,500		34,500						
덕산네오룩스		11,500,000									

위 화면은 덕산네오룩스의 실제 거래 내역이다. 매수 추천가격은 원래 1만8천 원(글로벌 주식시장 조정으로 매수 이후 실제로 1만8천 원까지 하락을 했음)이었으나, 2만 원 부근에서 강력한 지지대가 구축이 되는 모습을 보고 매수를 하였다. 3개월 이내 도달 가능 가격대인 2만5천 원까지 상승을 하지 않았으나, 2만3천 원 부근에서 2월 23일 덕산네오룩스를 매도해 드렸다.

후기: 덕산네오룩스는 실전투자에서는 수익을 낸 종목이었다. 그러나, 그 이후 주가는 A사의 스마트폰 판매 부진 문제가 OLED 산업 전반에 악영향을 끼치면서 덕산네오룩스 주가도 5월 말 현재 추가 하락을

한 상태이다. 내가 미처 생각하지 못한 부분은 삼성디스플레이의 수율이 상승을 하면 덕산네오룩스의 소재 사용이 줄어든다는 사실이었다. OLED 패널 생산초기가 지나고 생산이 안정화되면 당연히 소재 채택율이 줄어든다는 사실을 간과하였던 것이다. 그러나, 삼성전자가 TV용 대형 OLED 패널 생산이나, 준비중인 폴더블 스마트폰 생산을 시작하게 된다면 덕산네오룩스의 소재 수요는 현재보다 아주 많이 증가를 할 것이다.

3) 신진에스엠

위의 화면은 신진에스엠 회사의 주봉 차트이다. 상장하자마자 기업을 탐방한 내용을 앞에서 이미 충분히 설명드렸다. 신진에스엠의 실제 거래 내역을 살펴 보자.

<신진에스엠 매수>

거래일자 / 적요명 / 종목명	거래번호	수량/좌수 / 단가/매매가… / 거래금액	매수금 / 정산금액 / 수익증권전고평가·수익증권변호/선택보수	융자/대출/대주금 / 선택납입원본/성과보수 / 농특세/부가세	수수료 / 거래세등 / 양도세	소득세 / 지방소득세 / 대수변제	과세기준가 / 연체금변제 / 기타대다금변제	이자변제 / 요가전표수량 / 유가선고수수량	기타수표금액 / 환율 / 국외수수료	시장구분·통화구분 / 결제선납금변제 / 외화정산금액	결제선납금
2011/12/05	1	500	101,549,024								
매수		12,800	6,400,000								
신진에스엠		6,400,000							500		
2011/12/05	2	500	101,549,024								
KOSDAQ매수		13,150	6,575,000								
신진에스엠		6,575,000							1,000		
2011/12/05	3	500	81,915,304		58,729						
KOSDAQ매수		13,200	6,650,720								
신진에스엠		6,600,000							1,500		
2011/12/12	1	500	43,590,584		22,650						
KOSDAQ매수		15,100	7,572,950								
신진에스엠		7,550,000							2,000		
2011/12/16	1	1,000	37,430,534		52,200						
KOSDAQ매수		17,400	17,452,200								

<신진에스엠 매도>

거래일자 / 적요명 / 종목명	거래번호	수량/좌수 / 단가/매매가… / 거래금액	매도금 / 정산금액 / 수익증권전고평가·수익증권변호/선택보수	융자/대출/대주금 / 선택납입원본/성과보수 / 농특세/부가세	수수료 / 거래세등 / 양도세	소득세 / 지방소득세 / 대수변제	과세기준가 / 이자변제 / 기타대다금변제	이자변제 / 요가전표수량 / 유가선고수수량	기타수표금액 / 환율 / 국외수수료	시장구분·통화구분 / 결제선납금변제 / 외화정산금액	결제선납금
2011/12/20	1	1,000	21,466,579		46,150						
KOSDAQ매수		16,050	16,098,150								
신진에스엠		16,050,000							4,000		
2011/12/22	3	3,000	27,308,491								
KOSDAQ매도		18,700	56,100,000								
신진에스엠		56,100,000							1,000		
2011/12/22	4	1,000	101,789,291		224,550						
KOSDAQ매도		18,750	18,380,900		224,550						
신진에스엠		18,750,000									

위의 화면은 신진에스엠의 2011년 12월의 거래 내역이다. 기관투자자가 선호하는 종목이라는 확신이 들어서 곧바로 매수해 드렸고 단기간에 꽤 높은 수익을 내 드렸다.

후기: 신진에스엠의 실적과 주가는 현재 기업탐방 당시보다 하락을 한 상태이다. 신진에스엠의 주식을 나는 상장 초기 이후로는 거래를 하지 않았다. 그 이유는 기업탐방을 3~4회 진행하면서 성장성에 대한 의구심이 들었기 때문이다. 효율적인 생산을 위해서 규격화된 플레이트만을 생산함으로써 수요가 한정되기 때문이다. 예를 들어 자동차의 경우 회사와 차종에 따라서, 또는 같은 차종이라도 생산연도에 따라서도 자동차의 규격이 달라지기 때문에 채택이 되는 기계부품 역시 규격이

각각 다르게 된다. 그러나, 신진에스엠은 규격화된 플레이트만을 생산하기 때문에 규격이 달라지는 다수의 신제품에는 플레이트 납품을 하지 못하게 되는 것이다. 그러나, 신진에스엠의 뛰어난 cutting 기술력은 다양한 산업에서 이용이 가능하기 때문에 회사의 영업 현황은 주기적으로 계속 파악을 할 것이다.

4) 테크윙

위의 화면은 테크윙 주봉차트이다. 상장 이후 나는 지금까지 계속 테크윙 종목을 관심 있게 지켜보고 있으며, 주기적으로 기업의 영업 현황을 체크하고 있다.

거래일자	거래번호	수량/주수	예수금	융자/대출/대주금	수수료	소득세	과세기준가	이자변제	기타수료금액	시장구분/통화구분	결제선납금
약정일		단가/평매가...	정산금액	신탁납입원금/성과보수	거래세동	지방소득세	기타이익금액	이자잔여이용료	유가잔고수량	환율	결제선납금액
종목명		거래금액	수익증권고평가	수익증권번호/신탁보수	농특세/부가세	양도세	미수변제	기타대여금변제	유가잔고수량	국외수수료	외화정산금액
2012/01/03	2	2,000	46,622,061		44,580						
KOSDAQ매수		7,430	14,904,580								
테크윙		14,860,000							2,000		
2012/01/05	1	2,000	63,122,461		49,800						
KOSDAQ매도		8,300	16,500,400		49,800						
테크윙		16,600,000									

테크윙은 아주 여러 번 매매를 해 드렸다. 테크윙의 기업 실적을 계속 추적하면서 분기별로 실적 변동성이 있다는 사실을 자연스럽게 알게 되었고, 기업의 수주공시 내용을 바탕으로 적당한 시기로 판단이 되는 경우 매수와 매도를 반복해 드렸다.

후기: 2018년도 테크윙은 반도체 산업 호황과 지속적인 기술 개발로 실적과 주가 모두 기업탐방시기 보다 크게 성장을 하였다. 현재, 테스트장비회사가 수요를 맞추지 못하는 상황이다. 테크윙의 생산능력은 충분한데 함께 납품이 되어야 하는 테스트 장비가 수요를 따라가지 못해서 더 좋은 실적을 내지 못하고 있는 상황이다. 테크윙은 중국에서 반도체 생산이 시작되면 당연히 글로벌 테스트장비 회사와 함께 테스트 핸들러를 납품할 가능성이 높다. 중국시장은 테크윙에게 한 단계 도약할 새로운 기회일 것이다.

5) 민앤지

위의 화면은 민앤지 종목의 일봉 차트이다. 기업탐방을 통해서 관심 종목에 편입시킨 민앤지의 주가가 2017년도 11월 조정을 보이자 고객에게 추천 후 매수해 드렸다. 2018년도에도 주가가 조정을 보일 때 마다 거래로 수익을 내 드렸다. 2만2천 원 근처에서 매수, 2만5천 원대에서 계속해서 이익 실현 중이다.

<민앤지 매수/매도>

거래일자 적요명 종목명	거래번호	수량/좌수 거래금액	매수금 정산금액 수익증권잔고평가	융자/대출/대주금 신탁납입원본/경과보수 수익증권원본가/신탁보수	수수료 거래세등	소득세 지방소득세 농특세/부가세	과세기준가 양도세	이자반제 이자반제이용료 매수반제	기타수표금액 연체료반제 기타대여금변제	시장구분/통화구분 환율 국외수수료	결제선납금 결제선납금반제 외화정산금액
2017/11/14	4	400									
자기융자매수		22,550	9,020,000								
민앤지		9,020,000								400	
2017/11/14	5	600									
자기융자매수		22,750	13,650,000								
민앤지		13,650,000								600	
2017/11/14	6	400	2,173,880	17,517,500	15,920						
자기융자매수		22,950	-8,321,580								
민앤지		9,180,000								400	
2017/11/28	1	1,105		13,789,007							
자기매도상환		25,700	14,699,493								
민앤지		28,398,500								2,695	
2017/11/28	2	595	58,011,562	7,424,850	21,850						
자기매도상환		25,750	7,673,649		131,157			69,744			
민앤지		15,321,250								2,100	

후기: 2018년도 4월 민앤지는 2주 이상 거래 정지가 되었다. 자회사인 세틀뱅크 인수 당시 특수관계자와 체결한 약정을 주석에 기재하지 않아서 회계처리 기준을 위반했다는 이유에서였다. 20년 이상 주식 거래를 하면서 상장폐지는 물론이고, 무상증자나 액면 분할에 따른 거래 정지 이외에 처음 겪는 일이었다. 깜짝 놀란 고객들을 안심시키면서 새삼 기업 분석이 어렵다는 생각이 들었다. 전혀 생각지 못한 일이 발생을 해서 당혹스러우면서도 더욱 철저히 기업을 분석해야겠다고 생각을 하였다.

6) 사람인에이치알

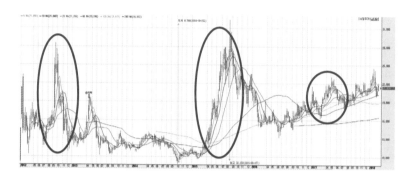

　위의 화면은 사람인에이치알 주봉차트이다. 2012년도 대선 당시 단
기간에 주가가 급등한 것을 볼 수 있다. 나는 다음 대선인 2017년도 말
을 위해서 기업탐방을 했었고, 대선시기가 갑자기 빨라지면서 다급하
게 주식을 거래하게 되었다. 참고로, 2015년도 주가 급등은 온라인 광
고 단가 인상에 따른 실적 호전으로 주가가 급등을 했었다.

<사람인에이치알 매수/매도>

거래일자 거래번호 수량/장수 적요명 단가/배매기... 종목명 거래금액	매수금 정산금액 수익증권호가평가 수익증권번호/신탁보수	융자/대출금/대주금 신탁납입원금/성과보수	수수료 거래세동 농특세/부가세	소득세 지방소득세 양도세	과세기준가 이자월이동료 미수변제	이자변제 연체료변제 기타대여금변제	기타수표금액 유가증권수량 유가증권고수량	시장구분/통화구분 환틀 국외수수료	결제선납금 결제선납금변제 외화정산금액
2017/03/02　1　500 KOSDAQ매수　17,200 사람인에이치알　8,600,000	39,630,281 8,600,000						500		
2017/03/02　2　500 KOSDAQ매수　17,350 사람인에이치알　8,675,000	22,269,381 8,760,900		85,900				1,000		
2017/03/06　4　500 KOSDAQ매수　17,500 사람인에이치알　8,750,000	17,718,905 8,793,510		43,510				1,500		
2017/03/13　1　500 KOSDAQ매수　17,400 사람인에이치알　8,700,000	8,975,645 8,743,260		43,260				2,000		
2017/05/11　1　2,000 KOSDAQ매도　21,750 사람인에이치알　43,500,000	62,352,970 43,153,190		216,320 130,490						

　위의 화면에서 볼 수 있듯이, 전임 대통령의 탄핵 결정일 이틀 전에
매수를 해서 탄핵 이후 주가가 상승을 하자 이익 실현한 내역을 볼 수

있다. 앞에서 설명했듯이 설사 전 대통령의 탄핵이 부결되어도 여타 대선관련주들과는 다르게 실적이 계속 좋아지고 있는 사람인에이치알의 주가가 많이 하락할 것으로는 생각하지 않았기에 안심하고 매수해 드렸다. 설사 그런 일이 발생을 했다면 나는 손절매도가 아닌 추가 매수로 대응을 했을 것이다.

후기: 2018년 4월에 나는 사람인에이치알을 다시 탐방하였다. 회사는 현재 모바일 부문에 집중을 하면서 모바일 광고 단가를 PC기반 취업포털 사이트 배너광고 단가와 비슷한 수준으로 인상을 하였다. 대부분의 고객인 기업들은 모바일과 PC기반 사이트에 동시에 구인광고를 한다고 한다. 가격 할인이 이루어지고 있으나 모바일 광고 부분의 성장세가 눈에 두드러지고 있다.

7) 디스플레이텍

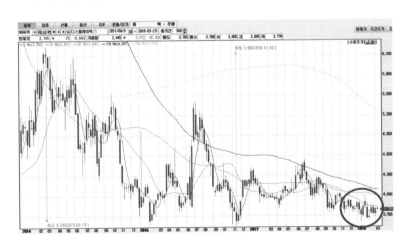

위의 화면은 디스플레이텍 주봉 주가 차트이다. 아주 오래 전부터 관심을 가지고 꾸준히 지켜본 회사중의 하나이다. 그리고, 적당한 매수시기라고 판단된 순간에 기업을 탐방해서 고객에게 추천드리고 매수해 드렸다.

<디스플레이텍 매수>

거래일자 적요명 종목명	거래번호	수량/좌수 단가/매도기... 거래금액	매수금 정산금액 수익증권고별가	융자/대출/대주금 신탁납입원본/성과보수 수익증권변호/신탁보수	수수료 거래세등 농특세/부가세	소득세 지방소득세 양도세	과세가준가 이자잘이용료 매수변제	이자변제 연체료본제 기타대여금변제	기타수표금액 유가변제수량 유가증고수량	시장구분/평화구분 환불 국외수수료	결제선납금 결제선납금변제 외화정산금액
2018/01/04	1	2,000	53,221,947			37,590					
KOSDAQ매수		3,780	7,597,590								
디스플레이텍		7,560,000							2,000		
2018/01/05	1	2,000	45,664,557			37,390					
KOSDAQ매수		3,760	7,557,390								
디스플레이텍		7,520,000							4,000		
2018/01/11	1	2,000	38,026,767			37,790					
KOSDAQ매수		3,800	7,637,790								
디스플레이텍		7,600,000							6,000		

위의 화면에서 볼 수 있듯이, 디스플레이텍을 고객에게 매수해 드린 시기는 2018년도 1월이다. 기업탐방 내용을 바탕으로 고객들에게 카톡으로 보낸 디스플레이텍 종목 추천 내용을 소개하겠다. 2017년 12월에 보낸 내용이다.

1. 삼성전자향 중저가 휴대폰 액정관련 LCD 모듈을 설계 및 디자인만 하고 100% 외주 생산으로 과거 수년간 많은 돈을 벌어 왔습니다. 그러나, 삼성전자가 최근 휴대폰 액정을 OLED로 집중하면서 디스플레이텍의 매출과 영업이익은 작년부터 크게 줄어들었고 주가 역시 부진을 면치 못하고 있습니다. 현재 삼성디스플레이는 모든 패널 생산라인을 LCD에서 OLED로 바꾼 상태입니다.
2. 하지만 디스플레이텍은 삼성전자향 매출이 제로가 되어도 영업

이익은 계속 흑자기조를 유지할 것입니다. 말씀드린 대로 생산공장이 없는 관계로 고정비/감가상각비등이 전혀 없으며 현재 직원 30여 명의 인건비는 판교소유 빌딩(DTC빌딩)과 천안, 안성 공장의 임대수익으로 커버하고도 남습니다. 임대수익+보유 현금(500억)의 운용으로 발생되는 이자수익으로 매년 직원들 월급을 주고도 회사에 현금이 계속 쌓이는 상황인 것입니다.

LCD 부품을 생산하는 타 회사의 경우 생산을 수직계열화하여 과거 LCD 호황기에는 디스플레이텍보다 훨씬 많은 돈을 벌었으나, LCD 산업이 쇠퇴한 현재 많은 어려움을 겪고 있으며 그동안 벌어 놓은 현금으로 신사업을 급하게 찾고 있습니다.

3. 디스플레이텍의 경우 LCD 산업이 쇠퇴하기 시작한 작년 하반기부터 신사업을 추진 중이나, 매출이 제로가 되어도 영업이익이 나는 구조인 관계와 보수적이고 신중한 경영진의 마인드로 인해서 아직 신 사업을 다각도로 검토만 하고 있는 상황입니다. 디스플레이텍의 현재 시가총액은 700억이나 보유현금 500억과 판교빌딩, 천안/안성공장 가치를 따지면 순수 자산가치는 2,000억 이상입니다.

4. 회사는 2017년 9월13일 공시를 통해서 한국전기차충전서비스회사의 지분 24%를 취득하였다고 발표를 하였습니다. 한국전기차충전서비스는 제주도에 본사가 있으며 말 그대로 전기차 충전소 인프라를 구축하는 회사입니다. 한국전기차충전서비스의 주주구성을 보면 한국전력 28%, 현대/기아차 24%, KT 24%, 디스플레이텍 24%입니다.

만일 전기차가 대중화가 되고, 전기차 충전소가 많이 필요하게 된다면 디스플레이텍은 한국전기차충전서비스의 지분 추가 취득을 통해서 전기차 산업에 진출할 수도 있습니다.

이는 한 가지 경우를 예로 든 것이며 회사는 말씀드린 대로 다각도로 신사업을 추진 중입니다.

5. 결론: LCD 산업의 쇠퇴는 명확하며 따라서 회사는 2~3년 이내로 신사업을 시작해야 합니다.

현재 회사를 청산한다면 자산가치에 따라서 현재의 주가인 3,800원보다 3배 정도 비싼 만 원 이상으로 청산이 될 것입니다. 주주 입장에서는 차라리 회사 청산이 훨씬 유리합니다. 하지만 그런 일은 없을 듯하며, 회사에서 신사업을 시작할 2~3년을 기다린다면 주가는 분명 1만 원 이상으로 회복될 것입니다. 올해 예상 배당금은 주당 100원 이상이며, 회사의 신사업 시작을 기다리는 동안 은행 이자 이상의 보상은 해 줄 것입니다.

참고로 회사의 대표이사는 본인과 가족이 100% 지분을 가지고 있는 온셀텍이라는 회사를 통해서 디스플레이텍 주식 80만주를 올해 계속 사서 모았습니다(전자공시시스템에 나와 있습니다). 회사 대표 이사는 자신의 의지를 이미 보여 주었고, 주주는 묵묵히 인내하고 기다리면 되는 상황으로 판단됩니다.

나는 고객에게 종목을 추천드릴 때 전화가 아닌 카톡으로 먼저 내용을 보내드리고 충분히 읽을 시간을 드린다. 내가 왜 추천을 드리는지 명확하게 이해를 하셔야 나를 믿고 계속 거래를 하실 수 있기 때문이다. 덕산네오룩스, 민앤지, 제이브이엠 등 모두 고객에게 주식을 매수해 드리기 전에 카톡으로 추천 내용을 먼저 보내 드렸다. 여기서는 디스플레이텍만 예를 든 것이다. 디스플레이텍은 2~3년 이상 장기 투자를 해야 하기 때문에 추천의 이유가 상세하고 자세하였으나, 나머지 주식들은 그렇게 긴 매수 추천 사유는 아니었다.

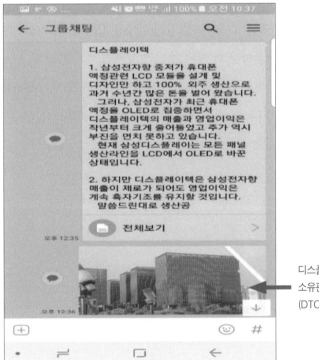

디스플레이텍
소유판교빌딩
(DTC)

위의 화면에서 볼 수 있듯이, 나는 디스플레이텍을 기업탐방하고 이제 매수해야 할 시기라고 판단이 될 때 카톡으로 고객에게 추천을 하였다. 고객들의 이해를 돕기 위해서 디스플레이텍 판교 빌딩 사진도 넣었다. 똑같이 생긴 건물 4개 중 가장 앞에 있는 건물이 디스플레이텍 빌딩이다.

후기: 2018년도 들어와서 주식시장은 시장 참여자들을 많이 힘들게 하고 있다. 연초 불거진 미국 금리인상 이슈, 미국과 중국의 무역 전쟁, 삼성증권 주문 사고, 삼성바이오로직스 회계처리 문제 등 한치 앞을 내다보기 어려운 상황이다. 이런 어려운 주식시장 상황에도 불구하고 디스플레이텍의 주가는 4천 원 내외에서 횡보를 하고 있다. 우량한 자산 가치와 비용이 거의 들지 않는 영업 구조로 주가는 더 이상 빠지기 어렵지만 신성장 사업을 찾지 못해서 주가가 오르지도 못하는 상황이 계속 되고 있다. 최근의 주식시장에서는 차라리 디스플레이텍 주주가 마음 편한 상황인 듯하다.

8) 제이브이엠

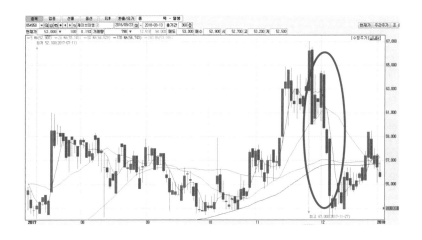

위의 화면은 제이브이엠의 주가 일봉 차트이다. 오래 전 기업탐방 이후 계속해서 관찰해 온 주식이었다. 주가가 2017년도 말에 하락을 하자 나는 주식IR담당자와 전화 통화를 하였고, 회사의 영업 내용에 큰 문제점이 없다고 판단을 내리고 고객에게 추천 드리고 매수해 드렸다.

<제이브이엠 매수/매도>

거래일자 적요명 종목명	거래번호	수량/좌수 단가/매매기... 거래금액	예수금 정산금액 수익증권고평가	융자/대출/대주금 신탁납입원본/성과보수 수익증권번호/신탁보수	수수료 거래세등 농특세/부가세	소득세 지방소득세 양도세	과세기준가 이자할인등료 미수변제	이자변제 연체료변제 기타이여금변제	기타수표금액 유가잔고수량 유가잔고수량	시장구분/통화구분 환율 국외수수료	결제선납금 결제선납금변제 외화정산금액
2017/12/11 K054매수 제이브이엠	2	280 52,900 14,812,000	14,502,360 14,805,660		73,660						
2017/12/18 KOSDAQ매수 제이브이엠	1	260 54,800 14,248,000	183,510 14,318,850		70,850				280		
2018/01/17 KOSDAQ매도 제이브이엠	1	540 57,300 30,942,000	30,883,137 30,695,317		153,870 92,813				540		

위의 화면은 제이브이엠 거래 내역이다. 주가가 하락한 2017년도 12월에 2회에 걸쳐서 매수를 하였다가 상대비교우위에 있는 주식으로 교

체 매매를 하기 위해서 이익 실현을 하였다.

후기: 제이브이엠은 2017년도 4분기, 2018년도 1분기 연속 저조한 실적을 발표하면서 주가도 많이 하락을 한 상태이다. 주식IR담당자는 생각보다 국내외 판매가 저조했다고 실적 저조 원인을 말해 주었다. 특별한 이슈가 없는 실적저조는 향후 실적 성장 여부를 예측하기 어렵게 한다. 기업의 가치를 평가하는 방식 중 DCF(Discounted Cash Flow: 현금흐름할인방식)라는 것이 있다. 특정 기업이 미래에 벌어들일 것으로 예상이 되는 이익금 총액을 기회비용이라는 과점에서 할인하여 현재의 기업가치를 산출한다는 것이다. DCF 방식은 10년 전만 하더라도 증권사 애널리스트들이 자신이 커버하는 종목의 목표주가를 산정하는데 많이 사용하였다.

그러나, 한치 앞을 내다볼 수 없을 정도로 급변하는 경영환경 속에서 DCF 방식에서 주로 이용하는 향후 10년 정도의 미래 기업이 벌어들일 총 이익금을 예상한다는 것 자체가 거의 불가능하다. 따라서, 현재는 증권사 애널리스트의 리포트에서 목표 주가 산정 방식에서 DCF 방식은 거의 찾아 볼 수 없다. 갑자기 DCF 방식을 거론하는 이유는 그만큼 기업의 실적을 예측하는 일이 어렵다는 사실을 말하고 싶어서이다. 국내에서 가장 큰 제약회사 그룹이 제이브이엠을 그저 장식용이나 포트폴리오 구성 차원에서 인수하지는 않았을 것이다. 그 점에서 나는 한미약품 그룹을 통한 제이브이엠의 성장을 기대하는 것이다. 제이브이엠은 계속해서 나의 관심종목 화면에 있을 것이다.

9) 손오공

위의 화면은 손오공 주가의 주봉 차트이다. 화면에서 볼 수 있듯이 터닝메카드가 인기를 끌기 이전과 선풍적인 인기를 끈 이후의 주가는 극명하게 대비되고 있다. 거래내역을 아래에서 확인해 보자

<손오공 매수>

거래일자 적요명	거래번호	수량/좌수 단가/매입가 거래금액	매수금 정산금액 수익증권고평가	융자/대출금 신탁납입원본/성과공 수익증권변호/신탁보수	수수료 거래세등 농특세/부가세	소득세 지방소득세 양도세	과세기준가 이자일대용료 미수변제	이자변제 연체료변제 기타대여금변제	기타수료금액 유가변제수량 유가잔고수량	시장구분/통화구분 환출 국외수수료	결제선납금 결제선납금변제 외화정산금액
2015/03/04	1	2,721 3,755 10,217,355	201,039,940 10,217,355						2,721		
2015/03/04	2	7,279 3,760 27,369,040	201,039,940 27,369,040						10,000		
2015/03/04	3	1,621 3,795 6,151,695	201,039,940 6,151,695						11,621		
2015/03/04	4	13,379 3,800	106,376,530 50,925,320		85,120						

<손오공 매도>

거래일자 적요명	거래번호	수량/좌수 단가/매출가 거래금액	매수금 정산금액 수익증권고평가	융자/대출금 신탁납입원본/성과공 수익증권변호/신탁보수	수수료 거래세등 농특세/부가세	소득세 지방소득세 양도세	과세기준가 이자일대용료 미수변제	이자변제 연체료변제 기타대여금변제	기타수료금액 유가변제수량 유가잔고수량	시장구분/통화구분 환출 국외수수료	결제선납금 결제선납금변제 외화정산금액
2015/06/17	1	14,193 7,540 107,015,220	107,015,220						120,000		
2015/06/17	2	20,000 7,580 151,600,000	257,606,627 150,591,417		232,750 775,633				100,000		
2015/06/19	1	10,000 7,800 78,000,000	47,140,000 78,000,000						90,000		
2015/06/19	2	10,000 7,850	203,029,654 77,889,654		140,850 469,496						

손오공 기업탐방 후 운 좋게 터닝메카드가 인기를 끌기 시작할 것을 예상하게 되었다. 위의 화면에서 볼 수 있듯이 나는 고객에게 매수해 드렸다가 3개월 정도 지난 뒤 터닝메카드의 인기가 절정일 무렵 이익 실현을 해 드렸다.

후기: 손오공은 바비인형으로 유명한 미국의 마텔이 2016년도 최대 주주가 되면서 주가도 단기간 급등을 했었다. 그러나, 기업탐방을 하면서 알게 된 완구 기획 및 제작을 하는 회사가 아닌 단순 유통회사이기 때문에 성장성은 계속해서 한계를 보일 것으로 생각이 된다. 물론, 마텔이 주도를 해서 손오공을 완구를 직접 제작하는 회사로 성장을 시킬 수도 있겠지만, 최대주주 된 마텔이 이사후보 1인 지명권만을 보유하게 됨으로써 이사회를 장악할 수 없으며, 이미 마텔코리아를 통해서 마텔본사의 완구 제품을 국내에서 판매하고 있다는 점에서 볼 때 쉽지는 않을 것이다. 마텔은 완구제작 업체인 초이락의 지분 100%를 가지고 있는 최신규 회장(손오공 창업자)이 보유 중이던 손오공 지분 11.99%를 인수하면서 최대주주가 되었다. 마텔이 초이락과 함께 한류 열풍을 타고 아시아시장 진출을 하기 위한 전략적 지분 인수가 아닌가 하는 개인적인 판단이다.

실패한 실전 투자

10) 테스

지금까지는 성공적인 실전 투자 거래 내역만 보여드렸다. 만일, 실전 투자에서 나는 항상 수익을 낸다고 주장을 한다면, 이는 당연히 거짓말이다. 이제 나의 실전 투자 실패 사례 2개를 보여드리겠다.

<테스 매수>

거래일자 적요명 종목명	거래번호	수량/좌수 단가/매매가... 거래금액	예수금 정산금액 수익증권잔고평가	융자/대출/대주금 신탁납입원본/성과보수 수익증권번호/신탁보수	수수료 거래세 농특세/부가세	소득세 지방소득세 양도세	과세기준가 이자잸이용료 미수변제	이자변제 연체변제 기타대여금변제	기타수표금액 유가변제수량 유가잔고수량	시장구분/통화구분 환율 국외수수료	결제선납금 결제선납금변제 외화정산금액
2013/07/25	2	870	22,723,874		34,130						
KOSDAQ매수		8,720	7,628,530								
테스		7,586,400							870		
2013/07/29	1	885	22,723,874								
KOSDAQ매수		8,590	7,602,150								
테스		7,602,150							1,755		
2013/07/29	2	620	22,723,874								
KOSDAQ매수		8,600	5,332,000								
테스		5,332,000							2,375		
2013/07/29	3	1,000	1,062,694		97,030						
KOSDAQ매수		8,630	8,727,030								
테스		8,630,000							3,375		

<테스 매도>

거래일자 적요명 종목명	거래번호	수량/좌수 단가/매매가... 거래금액	예수금 정산금액 수익증권잔고평가	융자/대출/대주금 신탁납입원본/성과보수 수익증권번호/신탁보수	수수료 거래세 농특세/부가세	소득세 지방소득세 양도세	과세기준가 이자잸이용료 미수변제	이자변제 연체변제 기타대여금변제	기타수표금액 유가변제수량 유가잔고수량	시장구분/통화구분 환율 국외수수료	결제선납금 결제선납금변제 외화정산금액
2013/09/05	1	1,440	22,946,309								
KOSDAQ매도		8,200	11,808,000								
테스		11,808,000							1,935		
2013/09/05	2	498	22,946,309	3,270,650							
자기매도상환		8,200	812,950								
테스		4,083,600									
2013/09/05	3	510	22,946,309	3,349,400							
자기매도상환		8,210	837,700								
테스		4,187,100									
2013/09/05	4	492	22,946,309	3,231,200							
자기매도상환		8,230	804,601				13,359				
테스		4,049,160									

위의 화면은 반도체장비주인 테스의 과거 거래내역이다. 나의 기업 분석은 아주 성공적이었다. 대규모 수주로 기업의 실적이 좋아진다는

사실을 알았기 때문이다. 그래서 고객들에게 기업탐방 전에 일부 매수해 드렸고, 탐방 이후 대략 일주일간 분할 매수해 드렸다. 다만, 실전투자에서 나는 실수를 한 것이다. 나는 테스를 여러 고객에게 꾸준히 매수를 해 드려서 하루 평균 거래량 대비 너무 많은 주식을 보유하게 되었다. 당시 매일매일의 거래량을 지켜보는 일이 아주 힘든 상태였다. 주식시장의 관심권 밖에 있는 주식이어서 거래가 적은 날은 고작 몇천 주만 거래가 되곤 했었다. 고객들도 너무 적은 거래량을 걱정하였고 결국 나는 참지 못하고 매도를 해 버렸다. 테스의 주가는 내가 매도한 이후 거짓말처럼 나의 판단을 비웃듯 많이 상승을 했다. 하루 평균 거래량 대비 너무 많은 주식을 매수하는 일은 정말 인내하기 힘든 것 같다.

11) 아이센스

위의 화면은 아이센스 주봉 주가 차트이다. 20년 이상 주식 거래를 해 오면서 주가 움직임이 가장 이해가 안 되는 종목 중의 하나가 바로 아이센스가 아닐까 생각한다. 실적과 기업 내용에 비해서 나의 판단보다 주가는 훨씬 더딘 움직임을 보이고 있다.

거래일자 적요명	거래번호	수량/좌수 거래금액	매수금 정산금액 수익증권고료가	융자/대출/대주금 신탁납입원본/성과보수	수수료 거래세등 동특세/부가세	소득세 지방소득세 양도세	과세기준가 이자발이용료 미수변제	이자변제 연체료변제 기타대여금변제	기타수표금액 유가변제수량 유가잔고수량	시장구분/통화구분 환율 국외수수료	결제선납금 결제선납금변제 외화정산금액
2016/09/23 KOSDAQ매수 아이센스	2	250 31,300 7,825,000	15,829,403 7,825,000						250		
2016/09/23 KOSDAQ매수 아이센스	3	226 31,700 7,164,200	15,829,403 7,164,200						476		
2016/09/23 KOSDAQ매수 아이센스	4	24 31,950 764,400	-2,517 842,720		78,320				500		

위의 화면은 아이센스 거래내역이다. 2016년 1월 기업탐방 후 계속 지켜보다가 주가가 많이 하락을 했다고 판단한 2016년 9월 주식을 매수해 드렸다. 그리고, 내가 전망했던 회사의 내용 중 달라진 부분은 딱 두 가지였다. 중국 정부 당국의 중국 아이센스 공장 승인 지연과 중국 법인 영업사원 확충에 따른 인건비 상승에 따른 고정비 증가와 그에 따른 2017년도 예상보다 저조한 실적이었다. 또한, 마진이 거의 없는 혈당측정기기의 매출이 늘어나면서 매출 원가율이 상승하였다. 그러나, 이는 시차를 두고 마진율이 높은 혈당스트립(1회용 혈당 측정 소모품) 매출의 증가로 이어질 것이며 중국 공장의 승인도 시기상의 문제일 듯하다. 앞에서 언급한 연속혈당측정기시장 진출은 아이센스의 실적과 주가를 한 단계 끌어 올리는 동력이 될 것이다. 좀 더 지켜보면 주가는 이전의 고점인 4만 원을 돌파하는 건 시간상의 문제일 것으로 판단이 되어 아직 일부 고객은 계속 보유 중이다.

종잣돈 마련이 목적인 소액투자자를 위한 가이드

마지막으로 종잣돈 마련이 목적인 소액 투자자들에게 어떻게 하면 빨리 종잣돈을 마련할 수 있을지 나의 투자방법을 소개하고자 한다. 물론, 다음의 내용은 독자 여러분 개개인의 판단으로 따라할 것인지 말지 결정하시면 된다.

원하는 종잣돈은 사람마다 차이가 있을 것이다. 최근의 소득수준과 물가 수준을 감안하면 1억 이상의 목돈은 되어야 종잣돈이라고 할 수 있을 것 같다. 만일, 종잣돈 1억 마련이 목표이고 현재 가지고 있는 주식투자자금이 1천만원이라면 나는 다음과 같이 투자를 할 것이며, 실제로 투자상담 후 종잣돈 마련이 목표인 고객에게 투자 가이드 해 드리는 내용이다.

분산투자? - 종잣돈을 마련하려면 하지 마세요!

리스크를 줄이기 위해서 분산투자를 해야 한다는 주장에 나도 동감을 한다. 그러나, 종잣돈 마련이 목적인 소액투자자에게는 권해 드리지 않는 투자 방법이다. 실전투자에서 말씀드렸듯이 20년 이상 주식투자를 하면서 나는 매수한 주식이 상장폐지를 당하는 일을 한번도 겪어보지 않았으며, 거래정지를 당하는 일은 이번 민앤지가 처음이었다. 분산투자는 투자 위험을 줄이기 위한 목적이나 아주 정확하게 기업을 분석해서 투자를 한다면 투자 위험에 노출되는 것을 염려할 필요가 없다.

종잣돈 마련이 목적인데 가뜩이나 적은 소액을 투자하면서 여러 종목에 분산 투자를 해서 언제 종잣돈을 마련할 것인가? 여러 종목으로의 분산투자로 생각보다 수익을 내기 어렵다는 사실을 경험한 투자자가 많이 있을 것이다. 아무리 강세장이라도 분산투자를 하면 꼭 하락하는 주식이 있기 마련이다. 그리고, 분산투자하는 종목의 수가 늘어날수록 코스피 지수 움직임에서 크게 벗어나지 않게 된다. 코스피 지수 추종이 목적은 아닐 것이다.

소액이라도 차곡차곡 쌓아가면 된다!

그렇다고 테마주처럼 한방에 모든 것을 해결할 수 있는 주식에 투자하는 것은 절대 금물이다. 하루아침에 모든 계획이 물거품이 될 수 있기 때문이다. 적은 금액이라도 꾸준히 수익을 낼 수 있는 투자 유망 종목에 계속해서 투자를 하는 방법이다. 급하게 종잣돈 마련이 목적인 관계로 2~3년간의 장기투자 역시 권해 드리지 않는다. 그 이유는 장기투자가 확실하게 성공한다는 보장이 없기 때문이다.

한 종목만 투자, 그리고 목표 수익 10~30%의 결과!

소액 투자자의 종잣돈 마련 방법을 정리하면 다음과 같다. 한번 투자에 가장 유망해 보이는 종목 한 종목만 투자를 하고, 매수하면서 정한 목표 가격대까지 기다려서 수익을 내거나, 가격 메리트가 생긴 주식을 발견하면 그 주식으로 계속해서 투자를 하는 방법이다. 최근과 같이 주식시장이 어려울 때에는 100% 현금화하고 쉬는 것도 좋은 방법이다.

위의 화면은 내가 관리해 드리는 고객 한 분의 최근 1년간의 실제 수익을 보여주고 있다. 원래 투자 원금은 700만 원이었다. 2017년도 1월

초에 타 증권사에서 손실인 상태의 주식을 이관해 오셨고, 1월 하순경 기존 주식을 정리해서 처음 매수해 드린 주식이 롯데하이마트였다. 1년 4개월 정도 지난 지금 고객의 계좌는 2,500만 원 정도가 되었다. 작년에는 주식시장이 좋았기 때문에 주식투자로 수익을 내는 일이 어렵지 않았다. 그러나, 올해는 주식투자로 수익을 내는 일이 대부분의 일반투자자들에게 결코 쉽지 않았을 것이다. 그러나, 나는 올해도 기업탐방을 통해서 기업을 분석한 후 원하는 가격대까지 기다렸다가 매수해서, 위의 화면 상단에서 볼 수 있듯이 코스피 지수의 등락과는 상관없이 꾸준히 수익을 내드렸다. 지금의 속도라면 이 고객은 2년 이내에 1억 원의 종잣돈 마련이 가능할 것 같다.

　주식투자로 수익을 내는 방법에 관련 서적은 시중에서 쉽게 구입할 수 있다. 그러나, 아무리 훌륭한 투자 방법이라도 실전 투자에서 수익을 내지 못하면 절대 의미가 없다는 것이 내 생각이다. 종잣돈 마련이 목적인 투자자에게도 이 증권서적은 아주 유용한 서적일 것이라고 나는 자신한다.

이 책의 원고를 마무리하는 기간에 주식시장에서는 보물선과 관련된 기업이 큰 관심을 받고 있다. 호재성 기사나 정보는 언제든지 주식시장에 생겨나고 있다. 물론, 나는 그런 종목에는 절대 투자를 하지 않는다. 만일, 내가 잠수정을 타고 보물선이 있는 바닷속으로 들어가서 수십 조 이상의 가치가 있는 금괴를 내 눈으로 직접 확인을 한다면 당연히 그 주식을 매수할 것이다. 그렇지 않은 이상 그런 주식을 매수하는 일은 앞으로도 절대 없을 것이다.

구대일의 법칙을 아시나요?

주식시장에는 구대일의 법칙이라는 것이 있다. 주식투자자 열 명 중 아홉 명은 손실을 입고, 단 한 명만 돈을 번다는 법칙이다. 이는 일반투자자뿐만이 아니라 소위 말하는 증권전문가 집단에도 해당이 된다. 주식투자로 큰 손실을 입은 유명 증권전문가가 증권서적을 팔아서 손실을 만회했다는 소문이 한때 증권업계에 유명했던 적도 있었다. 그만큼 주식투자로 수익을 내기 어렵다는 이야기이다.

어설픈 자신감이 주식투자 실패의 지름길이다.

나는 주변 지인들에게 집안에 증권 관련 서적이 있으면, 당장 밖에 내다 버리라고 조언을 해 준다. 대부분의 일반투자자들은 증권서적 몇 권을 읽은 후 생기게 된 어설픈 자신감으로 주식투자를 시작해서 큰 실패를 맛본 뒤 주식투자를 그만두게 된다. 그런데, 자신이 읽던 증권서적을 자녀가 우연히 읽게 된다면, 똑같은 어설픈 자신감으로 주식투자를 시작하게 될 가능성이 있기 때문에 아예 그 가능성을 차단하라는 뜻으로 증권서적을 집안에서 없애라고 말해 주고 있다. 차라리 주식을 처음부터 모르면 주식투자로 손실을 입지 않게 될 것이다.

주식투자 - 기본에 충실하는 것이 정답이다.

제품의 품질이 경쟁관계에 있는 회사보다 훨씬 뛰어난 회사의 주식을 남들보다 먼저 발견해서 계속 투자할 수 있다면, 누구든지 주식투자로 큰 돈을 벌 것이다. 조금만 생각해 보면 이는 지극히 당연하다. 남들은 따라올 수 없는 높은 제품 경쟁력으로 회사는 계속해서 많은 돈을 벌기 때문이다. 그러나, 일반투자자를 포함한 대부분의 주식시장 참여자들은 지극히 평범하지만 가장 훌륭한 주식투자 방법을 여태 해 오지도 않았고, 그럴 생각조차 하지 않았다.

역사상 가장 위대한 투자가인 워렌 버핏 역시 결국은 제품 경쟁력이 뛰어난 회사에 투자를 하기 위해서 종목 분석을 해 왔다는 사실을 기억하기 바란다. 내가 10년 이상 기업탐방을 진행한 목적도 제품 경쟁력을 지닌 기업을 발굴하기 위해서였다. 그리고, 최종소비자만이 제품의 경쟁력을 가장 정확하게 알고 있다는 기본적인 사실을 항상 생각하고, 어떻게 하면 최종소비자를 만나서 제품의 경쟁력을 확인할 수 있을지 고민을 거듭한다면 분명 남들은 생각하지 못한 방법을 찾을 것이다. 참고로, 나는 휴비츠의 검안기 제품이 글로벌 일본회사의 제품과 비교해서 경쟁력이 어느 정도인지 파악하기 위해서 지난주에 집 근처 단골 안경점을 방문하였다. 10년 이상 기업을 탐방하면서 자연스럽게 생긴 습관이다. 언제 어디서든 최종 소비자의 의견을 듣고 제품의 경쟁력을 파악하는 습관이며, 기업탐방이 아니더라도 이는 누구든지 할 수 있는 간단하지만 가장 확실한 주식투자 방법이다.

돈 되는 기업탐방,
돈 버는 주식투자

ⓒ 김대욱, 2018

초판 1쇄 발행 2018년 9월 7일
　　 2쇄 발행 2021년 11월 3일

지은이　　 김대욱
펴낸이　　 이기봉
편집　　　 좋은땅 편집팀
펴낸곳　　 도서출판 좋은땅
주소　　　 서울특별시 마포구 양화로12길 26 지월드빌딩 (서교동 395-7)
전화　　　 02)374-8616~7
팩스　　　 02)374-8614
이메일　　 gworldbook@naver.com
홈페이지　 www.g-world.co.kr

ISBN　 979-11-6222-673-5 (03320)

이 도서의 국립중앙도서관 출판시도서목록(CIP)은 서지정보유통지원시스템 홈페이지(http://seoji.nl.go.kr)와 국가
자료공동목록시스템(http://www.nl.go.kr/kolisnet)에서 이용하실 수 있습니다. (CIP제어번호 : CIP2018027122)